Paraíba do Sul
História de um rio sobrevivente

Luís Patriani e Valdemir Cunha

Realização

Editora HORIZONTE

Patrocínio

MAN

Apoio

LEI DE INCENTIVO À CULTURA
MINISTÉRIO DA CULTURA

expediente

Coordenação Editorial
Peter Milko

Editor Executivo
Roberto Amado

Diretora de Arte
Walkyria Garotti

Texto
Luís Patriani

Fotografia
Valdemir Cunha

Arte
Diogo Franco do Nascimento
Fernanda Areias Dalhuisen

Produção Editorial
Maíra Kaupatez

Pesquisa e Produção
Marcia Bertoncello

Mapa
Sírio Cançado

Revisão
Luiz Francisco A. Senne

Produção Gráfica
Mauro de Melo Jucá

Tratamento de Imagem
Retrato Falado

Impressão
Prol Gráfica

CIP-BRASIL. CATALOGAÇÃO NA FONTE
SINDICATO NACIONAL DOS EDITORES DE LIVROS, RJ

P34p

Patriani, Luís
Paraíba do Sul : história de um rio sobrevivente / Luís Patriani e Valdemir Cunha - São Paulo : Horizonte, 2010.
132p.

ISBN 978-85-88031-28-9

1. Paraíba do Sul, Rio, Vale - História. 2. Paraíba do Sul, Rio, Vale - Obras ilustradas. I. Cunha, Valdemir. II. Título.

10-1535. CDD: 981.5
CDU: 94(815)

17.04.10 27.04.10 018632

Editora HORIZONTE

Av. Arruda Botelho, 684 - 5° andar - CEP 05466-000 - São Paulo - SP - Tel.: 55 11 3022-5599
Fax: 55 11 3022-3751- E-mail: redacao@edhorizonte.com.br - www.edhorizonte.com.br

sumário

O Rio Paraíba do Sul se aproxima da foz e da cidade de Campos de Goytacazes, depois de atravessar uma das regiões mais desenvolvidas do País

Paraíba do Sul
História de um rio sobrevivente

Luís Patriani e Valdemir Cunha

Editora HORIZONTE

O vale do Rio Paraíba do Sul

ESPÍRITO SANTO
RIO DE JANEIRO
OCEANO ATLÂNTICO
Miracema
Santo Antônio de Pádua
Cardoso Moreira
São Francisco de Itabapoana
Atafona
São João da Barra
São Fidélis
Itaocara
São Sebastião do Paraíba
Além Paraíba
Barragem Ilha dos Pombos
Rio Paraíba do Sul
Campos de Goytacazes
Pq. Nacional do Desengano
Santa Maria Madalena
Cantagalo
Sapucaí
Lagoa Feia
Quissamã
Conceição de Macabu
Carapebus
Rio das Flores
Três Rios
Paraíba do Sul
Valença
Nova Friburgo
Macaé
Vassouras
Teresópolis
Cachoeiras de Macacu
Petrópolis
Miguel Pereira
Guapimirim
Casimiro de Abreu
Rio das Pedras
Rib. das Lajes
Japeri
Magé
Dq. de Caxias
Baía de Guanabara
Itaboraí
Rio Bonito
Armação de Búzios
São Gonçalo
Araruama
Cabo Frio
Niterói
Maricá
Arraial do Cabo
RIO DE JANEIRO
BR 158
BR 101
BR 492
BR 116
RJ 130
BR 040
BR 393
RJ 106
RJ 124
N
O
L
S
Área urbana
Unidades de Conservação
Divisa interestadual
Rodovias Federais
Rodovias Estaduais
CIDADES
de 20 mil a 50 mil hab.
acima de 75 mil hab.
rios
nascente do Rio Paraíba do Sul
transposição de água para o Rio Guandu
MG
SP
RJ
ESCALA
0
20
40
60 km

1

Olho d`água

No alto da Serra da Bocaina, a 1.833 metros de altitude, a nascente do Rio Paraíba do Sul brota tímida do solo encharcado da Várzea da Lagoa, um vistoso campo de altitude localizado no município de Areias, região leste do Estado de São Paulo.

Ainda acanhada, a água clara do ribeirão, formado pelas abundantes chuvas que caem nesta área durante o verão, ganha volume e força ao longo do seu trajeto em direção ao Vale do Paraíba. A partir dali, já cheio de confiança, o rio protagonizará uma longa, árdua e emocionante trajetória de 1.150 quilômetros de extensão até a sua foz, em São João da Barra, no litoral norte fluminense.

Mas para entender a formação deste emblemático rio brasileiro e seu entorno, que foi testemunha de importantes capítulos da história de nosso país, é preciso dar um pulinho no município paulista de Cunha, na Serra do Mar, e conhecer o nascedouro de um destacado coadjuvante desta trama: o Rio Paraibuna.

Será da junção dele com o Rio Paraitinga, na cidade de Paraibuna, que o Rio Paraíba do Sul assumirá o nome oficial. Aparentemente, são duas nascentes para o mesmo rio, mas o fato tem explicação:

"Tecnicamente, a nascente de um rio situa-se no ponto mais distante em relação à sua foz. No caso do Rio Paraíba do Sul, é a mesma nascente do Rio Paraitinga, no município de Areias. A confusão acontece porque o Paraíba só leva o nome após o encontro dos dois rios que o formam", afirma o geógrafo Aziz Nacib Ab'Saber, professor emérito da Faculdade de Filosofia, Letras e Ciências Humanas da Universidade de São Paulo e professor honorário do Instituto de Estudos Avançados da USP.

Nascentes limpas mas vulneráveis

Os mananciais do Paraibuna e Paraitinga, cujos leitos percorrem um curso quase paralelo desde o alto da serra, e 200 quilômetros depois, próximos à rodovia Dutra, se unem para dar identidade ao Rio Paraíba do Sul, são fontes d`água desprotegidas, localizadas em propriedades particulares. Perto delas, no entanto, encontra-se o Parque Nacional da Serra da Bocaina, com 104 mil hectares de florestas, e, logo ao lado, o Parque Estadual da Serra do Mar, com 315 mil hectares, numa extensão que vai desde a divisa com o Rio de Janeiro até o litoral sul do Estado de São Paulo. Para se ter ideia de sua relevância, a área de preservação do parque da Serra do Mar, criado em 1977, forma o maior corredor de biodiversidade de Mata Atlântica de todo o Brasil, conectando as florestas do sul do Estado do Rio de Janeiro ao Vale do Ribeira, na divisa de São Paulo com o Paraná.

Há muitos projetos para transformar as nascentes em áreas de proteção. Segundo

Em meio à densa floresta da Serra do Mar, dezenas de mananciais abastecem a Bacia Hidrográfica do Rio Paraíba do Sul. Cerca de doze milhões de pessoas se beneficiam destas águas

←←← Na primeira página, a água das chuvas que se acumula na bromélia é a mesma que encharca o solo no alto da Serra da Bocaina para dar vida ao Rio Paraitinga, um dos formadores do Rio Paraíba do Sul

←← Poucos quilômetros após brotar timidamente do chão, o Rio Paraitinga ganha força na descida da serra criando rápidas corredeiras. O trecho é ideal para a prática do *rafting*

← Do alto da Serra da Bocaina, a vista do Vale do Paraíba com a Serra da Mantiqueira ao fundo revela a imensidão deste corredor natural localizado no industrializado eixo Rio-São Paulo

O tucano, assim como um quinto de todas as espécies de aves que existem no Brasil, encontra refúgio no Parque Estadual da Serra do Mar. A reserva vai desde a divisa com o Rio de Janeiro até o litoral sul de São Paulo

o coordenador e secretário executivo do CBH (Comitê de Bacias Hidrográficas do Paraíba do Sul no Estado de São Paulo), Edilson Andrade, um dos maiores especialistas em recursos hídricos no estado, "os rios na região de suas cabeceiras estão limpos, o problema são os assoreamentos. O caso do Paraitinga é pior, pois sofre muito com o impacto causado pelo desmatamento das matas ciliares, e, principalmente, com as estradas de terra que foram construídas sem critérios técnicos às margens do seu leito, trazendo para dentro dele uma quantidade enorme de terra".

Não só os especialistas se dedicam à nobre causa do Paraíba do Sul, cuja bacia hidrográfica abrange 55.500 km², equivalente a 6% da região Sudeste do Brasil. Um dos maiores ativistas e defensores destas águas é um professor de artes apaixonado pelo rio e tudo que o cerca.

Lázaro Ferreira da Silva se envolveu com a causa ambientalista em 1992, quando começou a participar de congressos sobre o assunto. Cinco anos depois, percebeu que poderia ajudar muito se assumisse o papel de articulador entre as diferentes partes relacionadas, uma vez que o Paraíba do Sul é um rio federal (passa pelos estados de São Paulo, Rio de Janeiro e Minas Gerais, sem falar nos 180 municípios que se beneficiam das suas águas) e envolve muitos, e, às vezes, antagônicos pontos de interesse.

Sua missão era formar a primeira câmara técnica, dentro do Comitê de Bacias Hidrográficas do Paraíba do Sul, para elaborar um plano de educação e gestão ambiental integrado e abrangente. "A relação entre os representantes públicos das cidades por onde passa o rio estava encruada. Era preciso alguém de fora para fazer com que eles se mexessem e as decisões saíssem do escritório."

Além do trabalho político, ele criou um personagem para sua campanha em favor do Paraíba e seus afluentes, realizada por meio de palestras e expedições pedagógicas às nascentes da bacia hidrográfica.

"O Zé Paraíba é o neto do Jeca Tatu que voltou para resgatar a história, a cultura e o ambiente do vale", diz ele, referindo-se ao personagem criado por Monteiro Lobato no livro *Urupês*, publicado em 1918, e que consolidou a imagem do trabalhador rural do Vale do Paraíba.

Em uma dessas saídas a campo, em 2006, Zé Paraíba conseguiu provar o que há muito tempo já sabia. Com a ajuda de diversos equipamentos, inclusive GPS (sistema de posicionamento global via satélite), e a participação de técnicos do Inpe (Instituto Nacional de Pesquisas Espaciais) e do IGC (Instituto Geográfico e Cartográfico do Estado de São Paulo), além de representantes de outras sete instituições, o astuto caipira mostrou para todos que a nascente do Rio Paraíba do Sul não era na cidade de Silveiras, mas sim na vizinha Areias — encerrando uma polêmica que parecia se estender indefinidamente.

Mas, agora, sua preocupação é outra: "A criação de um espaço de proteção nas áreas onde ficam as nascentes é fundamental e urgente. Não só pelo aspecto ambiental e da qualidade das águas. Um rio só pode ser saudável e respeitável se a sua origem for preservada", diz Lázaro.

Não é exatamente a situação dos rios formadores do Paraíba do Sul. O Rio Paraitinga é vulnerável, já que não há unidades de conservação em seu caminho. Já o Rio Paraibuna precisa atravessar 20 quilômetros depois de nascer para finalmente entrar no Núcleo Cunha do Parque Estadual da Serra do Mar. Algumas curvas e quedas d`água depois, já beneficiado com a exuberância das matas ciliares que o margeiam, entra no Núcleo Santa Virginia, localizado dentro do mesmo parque.

Filhote de sagui no Núcleo Santa Virgínia, no Parque Estadual da Serra do Mar. Das 111 espécies de mamíferos que vivem na Mata Atlântica, 22% estão ameaçadas de extinção, principalmente os macacos, como o mono-carvoeiro

➲ O Núcleo Santa Virgínia protege árvores como cedro, peroba, maçaranduba, canela e ipê, garantindo a preservação das matas ciliares do Rio Paraitinga

A extração descontrolada do palmito da palmeira juçara há muito tempo representa um desastre ambiental para a Mata Atlântica. O seu manejo sustentável dirigido à produção de polpa, sementes e mudas é uma promessa de mudança desse quadro

Os estudos realizados para a elaboração do plano de manejo do Parque Estadual da Serra do Mar concluíram que a região protege cerca de um quinto de todas as espécies de aves que existem no Brasil. Das 200 espécies exclusivas ou endêmicas da Mata Atlântica, 131 ocorrem aqui, sendo que 42 estão ameaçadas de extinção, como a jacutinga, o macuco, o papagaio-de-cara-roxa, o papagaio-chaua, a sabiacica e o gavião-pombo-grande. Os pesquisadores registraram ainda 111 espécies de mamíferos. Destas, 20% são exclusivas da Mata Atlântica, e 22% estão ameaçadas de extinção, principalmente os macacos, como o bugio, o mico-da-serra-escuro e o mono-carvoeiro, também conhecido por muriqui. A flora também é exuberante, repleta de flores raras e frutos saborosos. O Núcleo de Santa Virgínia resguarda remanescentes de floresta de árvores de grande porte, como cedro, peroba, maçaranduba, canela e ipê, que abrigam bromélias, orquídeas, samambaias, líquens e lianas.

"O importante é saber o que pode ser retirado da floresta sem nenhum tipo de passivo ambiental e o que vai causar prejuízo a ela, e, consequentemente, a todos que estão a sua volta", esclarece João Paulo Villani, diretor do Núcleo Santa Virgínia.

Corredor ecológico para recuperar a mata

A palmeira juçara é um grande exemplo de como a Mata Atlântica sabe recompensar quem a respeita. Por décadas esta planta, que precisa de sombra e umidade para crescer, foi cortada irregularmente para extração do palmito. O processo de retirada representa uma verdadeira tragédia para a floresta, já que abre grandes clareiras, além de ser feito antes de sua fase reprodutiva, que acontece entre os dez e doze anos de vida. Mas a palmeira oferece formas sustentáveis e bem mais vantajosas de gerar renda.

"A juçara é muito semelhante à palmeira do açaí, típica da região Norte do Brasil. O sabor do fruto é praticamente o mesmo e chega até a ter mais cálcio em sua composição. É um excelente antioxidante. O Núcleo Santa Virgínia, junto com a ONG Akarui e o Instituto Ipema, está capacitando as comunidades nos municípios de São Luiz do Paraitinga e Natividade para conseguirem ganhar dinheiro com a venda da polpa, mudas e sementes."

O cultivo da palmeira juçara ecologicamente correto é uma das ações que prometem revolucionar a relação dos produtores rurais com o meio ambiente, servindo, inclusive, de grande incentivo para que eles participem de outro importante projeto no Vale do Paraíba: os corredores ecológicos.

"O projeto da palmeira juçara é uma das chaves para dialogar com o pequeno agricultor e pecuarista. A partir do plantio sustentável, nós podemos estimulá-los a preservar as matas ciliares e os topos de morro, que são os principais meios para a viabilização dos corredores ecológicos entre as unidades de conservação permanentes", diz Paulo Valladares, secretário executivo do projeto, fruto da iniciativa entre a empresa Fibria e os institutos Ethos e Oikos.

Se tudo andar conforme o planejado, a meta é recuperar 150 mil hectares de área desmatada nos próximos dez anos. O desafio de conectar o Parque Nacional da Bocaina e o Parque Estadual da Serra do Mar com a Serra da Mantiqueira é grande. Entre os maciços fica simplesmente o Vale do Paraíba, que em alguns pontos chega a ter 120 quilômetros de largura, sem falar nas rodovias Dutra e Carvalho Pinto, que passam bem no meio dele. "A solução para

O Rio Paraitinga não encontra fontes poluidoras durante sua passagem pela Serra do Mar. As cachoeiras também contribuem muito com a oxigenação da água

Construído no final do século 19, o Mercado Municipal de São Luiz do Paraitinga não vende apenas frutas, verduras e legumes. O “afogado”, um tradicional ensopado de carne de vaca com farinha de mandioca, é um dos pratos típicos oferecidos no local

cruzar as duas estradas é usar alguns viadutos já existentes num trecho do vale em que a distância entre as serras se estreita. Nestes pontos o corredor ecológico passará por baixo delas como mata ciliar em volta de afluentes do Rio Paraíba do Sul”, explica Paulo Valladares.

De volta ao Núcleo Santa Virgínia, precisamente na trilha Pirapitinga, uma das seis abertas ao público, é possível caminhar ao lado do Rio Paraibuna em meio à Mata Fundo de Vale. Suas águas, ora aceleradas pelas corredeiras e cachoeiras, ora tranquilas em seus remansos, compõem um harmonioso quadro moldado pelas verdejantes margens que a cercam. Percorrer os 5,6 quilômetros do caminho é uma experiência sensorial em que predominam o olfato, a audição e a visão. A floresta, na maioria das vezes, não permite que se enxerguem os animais, mas a presença deles é perceptível se ficarmos atentos aos sinais.

A começar pela araponga. Avistar a pequena ave no alto das árvores é difícil, mas com frequência se ouve seu canto metálico. Da mesma forma, pode ser bem raro se conseguir ver um bugio escondido nas folhagens mais altas, entre as touceiras de cipós, mas o ronco forte que o macaco faz para se comunicar com seus companheiros, não. Personagem frequente do imaginário popular, a onça-parda deixa arranhões na casca da peroba para afiar suas garras e marcar seu território, vestígios que

são vistos com frequência na mata. O que não falta nessa região é onça-parda. A informação é confirmada pelo diretor João Paulo Villanilo, que destaca um problema gerado pela disputa de território entre os animais. "Quando ocorre o enfrentamento, muitas vezes a perdedora sai da área do parque para não morrer. Só que depois ela é obrigada a se alimentar caçando animais domésticos criados pelos agropecuaristas, gerando um segundo confronto, desta vez, com o homem."

Se encontrar vestígios da onça-parda é comum, a chance de coletar qualquer coisa que comprove a existência da onça-pintada no parque é quase zero. Ainda de acordo com João Paulo, avistamentos da onça-pintada não são registrados há dez anos — seu comportamento furtivo não ajuda. Mas é certa a existência no parque do terceiro maior felino do planeta, atrás apenas do tigre e do leão, até porque a queixada, o cateto e a anta, seus pratos prediletos, são abundantes na região.

São Luiz do Paraitinga: ascensão e queda

Enquanto o Rio Paraibuna atravessa o Parque da Serra do Mar, o Paraitinga é o ilustre personagem da simpática cidade de São Luiz do Paraitinga. O rio, cujo nome em tupi-guarani significa águas claras, chega ao município, após uma grande curva, bastante turvo pelo assoreamento que o aflige desde a Serra da Bocaina. Mas o Paraitinga é um rio cheio de personalidade, história, e, apesar da erosão em suas margens, muita água.

Mas não sofre com sua passagem por São Luiz: cem por cento do esgoto coletado aqui é tratado. O respeito da histórica cidade com o vigoroso rio justifica. Se não fosse ele, o município jamais se orgulharia de ostentar o título de maior conjunto arquitetônico do Estado de São Paulo, com 437 prédios tombados pelo Condephaat (Conselho de Defesa do Patrimônio Histórico, Arqueológico, Artístico e Turístico).

O rico patrimônio só existe hoje porque, no final do século 18, um grupo de tropeiros que vinha de Minas Gerais em direção ao litoral de São Paulo percebeu naquele meandro do Rio Paraitinga um excelente lugar para apear e descansar da viagem. O ponto de parada ficou recorrente entre as tropas. Desde então, a ascensão de São Luiz do Paraitinga foi rápida. Em 1769 já era um povoado. Quatro anos depois, em 1773, virou vila, posição que ocupou até 1857, quando foi elevada à categoria de cidade. O auge veio no dia 11 de junho de 1873, por meio de um título concedido por Dom Pedro II, que denominou a outrora parada de tropeiros como Imperial Cidade. Era um privilégio que poucas cidades conseguiam naquela época.

A população comemorava a honraria, mas não fazia ideia de que uma obra inaugurada seis anos antes pelo próprio imperador colocaria o município no mapa do total declínio econômico, que, por sua vez, determinou a preservação de sua arquitetura no futuro. "São Luiz ganhou importância porque estava na rota comercial entre as fazendas de café no Vale do Paraíba e o porto de Ubatuba. Mas tudo isso mudou em 1867, quando foi inaugurada a estrada de ferro Santos–Jundiaí, tirando a importância do porto no escoamento da produção cafeeira", explica o geógrafo Aziz Nacib Ab'Saber, nascido em São Luiz do Paraitinga e teste-

Lenda viva

Contar histórias ao redor da fogueira era muito comum nas roças em São Luiz do Paraitinga. Sem energia elétrica, os caipiras faziam dos causos um dos seus principais passatempos. Com a chegada da televisão, o hábito praticamente desapareceu. Só não acabou de vez porque **Virgilio Benedito,** o Ditão, faz questão de manter viva a tradição oral que aprendeu quando era menino. "Eu ficava escutando os mais velhos narrarem histórias fantásticas que marcaram minha memória para sempre", conta. Em sua maioria, os causos envolvem figuras misteriosas que surgem do fundo dos rios ou do meio das matas, como o saci-pererê e o boitatá. Ditão leva tão a sério este negócio de contar histórias que foi chamado pela prefeitura para visitar as escolas da região e deixar as crianças de cabelo em pé, a imaginação livre e a tradição solta.

munha da grande crise. "Meu pai tinha uma lojinha de tecidos que ele ia comprar a cavalo na Rua 25 de Março, em São Paulo. A dificuldade de chegar à capital era enorme, mas o negócio dele fazia sucesso. Só que o fiado prevalecia. Os caipiras vinham da roça e ficavam maravilhados com a textura e a cor dos panos. Tudo parecia muito diferente para eles. Mas em 1930, nossa família não aguentou a situação de penúria, agravada pela crise do café na região do Vale do Paraíba, e tivemos que nos mudar para Caçapava, onde já funcionava a ferrovia Central do Brasil, que ligava o Rio de Janeiro a São Paulo. Não havia mais como sobreviver com dignidade em São Luiz. As pessoas simplesmente não pagavam suas dívidas com o meu pai", relembra Aziz.

Em meio à grande depressão econômica da cidade, Elpídio dos Santos, um desconhecido músico local, ganhava a vida tocando violão nos bailes da pacata urbe às margens do Rio Paraitinga. Nem imaginava que a oportunidade de sucesso bateria à porta. Isso porque, em 1929, um certo Amácio Mazzaropi, ainda desconhecido, veio a São Luiz para se apresentar com seu circo. Mas uma tempestade impediu os músicos do circo de chegarem à cidade, e Elpídio foi convocado para substituí-los — e salvou o espetáculo com a banda que comandava. Nascia ali uma grande parceria, que traduziu-se em 25 músicas compostas por Elpídio para 22 filmes de Mazzaropi, produzidos entre as décadas de 50 e 70, e que edificaram o famoso personagem cômico caipira.

De acordo com o admirador Aziz Ab'Saber, o músico deu identidade às canções caipiras feitas na cidade. "O Elpídio, acima de tudo, idolatrava São Luiz, que estava no auge da decadência. Ele trouxe suavidade para a música feita na região. Eu tinha um

O casario colonial de São Luiz do Paraitinga guarda até hoje suas características arquitetônicas do século 18

Dona Cinira, viúva do músico Elpídio dos Santos, guarda as histórias do marido na lembrança e na parede da casa, transformada num museu em homenagem ao artista, autor de 25 composições para os filmes de Mazzaropi

O carnaval de rua em São Luiz do Paraitinga atrai todos os anos mais de cem mil pessoas para a pacata cidade. Os foliões vêm atrás da espontaneidade das marchinhas e dos blocos dos bonecos gigantes

tio roceiro muito simples que cantava. Era horrível! Ninguém entendia nada. Os outros moradores que se metiam a soltar a voz eram assim também. O Elpídio mudou tudo isso e elevou a arte das canções", diz ele.

O declínio econômico de São Luiz do Paraitinga não preservou apenas seu casario colonial, suas matas, e o querido rio que lhe empresta parte do nome. O atraso, sobretudo, deixou intactas suas tradições, manifestadas com singular autenticidade até os dias de hoje. Seu Reno, de 71 anos, um ex-caçador que aprendeu a andar calçado apenas aos 13 anos, participa ativamente da cavalhada na figura de mestre dos mouros na luta contra os cristãos. A dança folclórica, junto com os grupos de moçambique e congadas, representam a parte profana da tradicionalíssima festa religiosa do Divino Espírito Santo, que acontece na cidade desde 1803, quarenta dias depois da Páscoa.

"Eu só não faço parte da Folia dos Reis porque a idade não permite mais. Ficava duas noites indo de casa em casa tocando viola sem parar. O ânimo vinha da cachaça Luizence, a primeira e melhor da região naquela época", revela, aos risos.

A alegria de seu Reno encontra coro no entusiasmo que os mais de cem mil visitantes sentem quando vêm se divertir no carnaval de São Luiz do Paraitinga. O fenômeno começou no final dos anos noventa, quando multidões começaram a invadir o município atrás da originalidade de seu carnaval de rua, no qual quem dá o tom são as marchinhas e quem conduz as massas são os bonecos gigantes do João Paulino e Maria Angu. Diz a lenda que as fantasias foram criadas por um casal, que dá o nome aos bonecos, para afastar da beira do Rio Paraitinga as crianças que vinham da roça para ver a Festa do Divino.

A explicação para justificar tanta ebulição cultural numa cidade de 12 mil habitantes não é certa, mas provavelmente tem

O fim do passado

O início de 2010 foi trágico para os moradores de **São Luiz do Paraitinga**, no Vale do Paraíba, a 182 quilômetros de São Paulo. Localizada às margens do Rio Paraitinga, a cidade foi invadida pelas águas do rio numa das maiores enchentes de sua longa história em que mais de 85% dos seus 10.500 habitantes foram obrigados a sair de suas casas. Se considerarmos o rico patrimônio arquitetônico de São Luiz, que até então era tido como o maior conjunto do Estado de São Paulo, com 437 imóveis catalogados (24 deles com nível de proteção total e o restante com outros níveis de classificações), o incidente ganha números impressionantes. Quase 80% das construções tombadas pelo Condephaat (Conselho de Defesa do Patrimônio Histórico, Arqueológico, Artístico e Turístico) foram ou terão que ser derrubados. Entre eles, a igreja matriz de São Luiz de Tolosa, construída no século 19, e a bicentenária capela das Mercês.

Agua de Coco
CARNAVAL

O leite que virou cachaça

O melhor alambique de São Luiz do Paraitinga, quem diria, começou produzindo leite. Quando o advogado **Manoel Rômulo** comprou um sítio na região há 32 anos, não suportou tirar tão pouco das vacas. "Eu queria vender o gado e desistir, mas aí meu vizinho propôs trocar seu alambique por oito vacas", relembra. Seu Rômulo, que não bebe, e tão pouco tinha ideia de como se fazia pinga, aceitou a empreitada. Desde então, ele produz a certificada Matodentro, considerada por especialistas como uma das cachaças artesanais mais saborosas do Brasil. O segredo é o envelhecimento por oito meses em tonéis de "amendoim" (feitos com a madeira da árvore chamada pau-amendoim), o rigoroso controle no processo de fermentação e até o esmero de usar melado de cana no lugar da graxa nas engrenagens do maquinário.

a ver com o conservadorismo de Monsenhor Ignácio Gióia, um padre italiano que proibia qualquer manifestação na cidade, a não ser os rituais litúrgicos rezados em latim, e Dona Cinira, viúva de Elpídio dos Santos, que tratou de fomentar o retorno das festividades assim que foi possível. "Quando fiquei sabendo que o carnaval poderia voltar, no início dos anos 80, estimulei meus filhos, que tinham uma banda e compunham marchinhas, a ficar na cidade, em vez de descerem a serra para Ubatuba. Foram eles que fizeram o primeiro bloco que saiu pelas ruas tocando marchinhas. No começo, quem ia atrás deles era a polícia. Mas, depois, muitas pessoas proeminentes da cidade aderiram e toda a população acabou entrando na folia", diz Dona Cinira, com orgulho do feito realizado por ela e sua prole.

Depois de banhar São Luiz, o Rio Paraitinga deixa a cidade levando não apenas o indesejado sedimento que pegou carona nele sem autorização, mas carregado de história, tradição e muitos admiradores.

Seu compromisso agora é se encontrar com o parceiro Paraibuna, que continua por aí dando voltas em meio às fazendas da região, para finalmente darem voz ao grande protagonista, o Rio Paraíba do Sul.

A confluência, se fôssemos considerar apenas o projeto feito pela natureza, aconteceria um pouco abaixo da cidade de Paraibuna. Há milhões de anos os dois rios fazem isso. Mas, em 1977, outro projeto, desta vez concebido pela engenharia, mudou não somente o ponto onde eles se uniam, como toda a paisagem a sua volta.

A construção das barragens nos rios Paraibuna e Paraitinga para armazenar água e abastecer cidades do Vale do Paraíba e o Estado do Rio de Janeiro formou um lago de 224 km² e muita confusão na região.

"Como o lago do Paraibuna ficaria mais alto do que o do Paraitinga, eles resolveram

A festa do Divino Espírito Santo acontece com o mesmo fervor há mais de 200 anos em São Luiz do Paraitinga. Aos 71 anos, Seu Reno não se cansa de participar da cavalhada, festa folclórica que representa a luta dos cristãos contra os mouros

A procissão dos anjos na festa do Divino Espírito Santo não perde a autenticidade. Até hoje as crianças de São Luiz se envolvem com o tradicional evento religioso

fazer um canal ligando os dois reservatórios. No dia da inauguração, o presidente Ernesto Geisel veio para apertar o botão que iria detonar parte de uma montanha para abril a valeta. Só que os técnicos calcularam errado e a montanha foi pelos ares. Não sobrou nada dela e a explosão acabou formando um imenso lago", relembra Luiz Gonzaga dos Santos, ex-prefeito de Paraibuna e ex-presidente do CBH (Comitê de Bacias Hidrográficas do Paraíba do Sul no Estado de São Paulo).

À medida que o reservatório ia enchendo, a perspectiva de vida de muitos agropecuaristas se esvaziava. "As águas inundaram as melhores propriedades produtoras de leite da região, além de cobrirem as cidades de Natividade e Redenção da Serra, que tiveram de ser reconstruídas em lugares mais afastados. A cidade de Paraibuna tinha duas usinas de leite que produziam 70 mil litros por mês. Hoje elas não existem mais, e a produção não chega aos 10 mil litros", afirma o ex-prefeito Luiz Gonzaga dos Santos, sem deixar de dizer que a indenização paga foi pequena, e muitas pessoas tiveram que se mudar para trabalhar na indústria ao longo da rodovia Dutra.

Assim como o morro explodido por Geisel, a piscosidade dos dois rios também despencou. "A pesca profissional diminuiu muito", afirma o morador local Rodolfo Siqueira de Campos, que ainda sobrevive da pescaria, só que feita no grande lago, onde mora em uma das 280 ilhas, melhor dizendo, os topos de morros que conseguiram ficar acima da água. Peixes como a piabanha, pirapitinga, corimbatá e piapara precisam subir o rio para desovar, mas as barragens não têm o sistema de escadas que permitem a transposição. A solução paliativa encontrada pela Cesp (Companhia Energética de São Paulo), que controla o reservatório, foi promover a criação destes peixes cujos

O forno da arte

A cidade de Cunha não é conhecida apenas por ser o berço do Rio Paraibuna e o lar da maior frota de fuscas do Brasil. Ela produz também a melhor cerâmica de alta temperatura do País. A reputação de grande celeiro criativo remonta a 1975, quando o arquiteto português Alberto Cidraes e o casal de ceramistas japoneses Toshiyuki e Mieko Ukeseki decidiram montar um ateliê no município. O grupo trouxe consigo a técnica Noborigama, uma arte milenar do Japão que transforma o barro em pedra em fornos que chegam a atingir 1.300 °C.

Ao longo do tempo, outros ceramistas se instalaram na cidade, e até moradores cunhenses se interessaram pela diferente forma de fazer cerâmica.

Cunha tem atualmente vinte ateliês, dos quais cinco utilizam o forno original. O restante faz a queima do barro usando gás ou energia elétrica.

O imortal do vale

A relação do escritor **José Bento Renato Monteiro Lobato** com o Vale do Paraíba sempre foi muito forte. A começar por seu nascimento, em 1882, na cidade de Taubaté. No ano de 1911, com a morte de Visconde de Tremembé, seu avô, herda a fazenda do Buquira e outras terras, todas no vale. A partir daí, a história do até então promotor público com a região se intensifica. Lobato não tem experiência em lidar com a fazenda e se desentende com alguns de seus funcionários. Inconformado com a postura indolente dos caboclos e o hábito de fazer grandes queimadas no campo, escreve para o jornal *O Estado de S. Paulo* em 1914 o artigo *Velha Praga* e o romance *Urupês*, nos quais aparece pela primeira vez a figura do Jeca Tatu, um personagem que retrata o atraso e a miséria nas zonas rurais do Brasil. Surgia, então, o escritor.

Em 1918, publica, no mesmo jornal, a série de artigos sobre saúde pública e saneamento, reunidos posteriormente no livro *Problema Vital*, em que muda sua visão sobre a origem dos problemas de Jeca Tatu: *"Está provado que tens no sangue e nas tripas um jardim zoológico da pior espécie. É essa bicharia cruel que te faz papudo, feio, molenga, inerte"*. E conclui: *"O caipira não é assim, mas está assim"*.

Mas a história do autor com o Vale do Paraíba não foi apenas para descrever as mazelas do interior brasileiro. Foi na Fazenda do Buquira que Monteiro Lobato se inspirou para ambientar parte das histórias contidas na longa série de títulos que imortalizou os personagens de Emília, Pedrinho, Narizinho e outros do Sítio do Pica Pau Amarelo, escritos entre 1921 e 1947.

filhotes, milhares deles, são soltos nos rios e também no reservatório.

As barragens não servem apenas para controlar a vazão e represar as águas dos rios Paraibuna e Paraitinga. Elas representam a fronteira de um reino certamente encantado, onde as águas correm claras, as matas se mostram verdes, e as tradições e lendas ainda manifestam-se vivas. No fundo do imenso lago, que chega a ter 90 metros de profundidade em alguns pontos, as ruínas das cidades de Natividade e Redenção da Serra servem de abrigo para peixes e moluscos de várias espécies.

O casario colonial de Paraibuna é uma herança do ciclo do café, período que a cidade viveu seu auge econômico. O início da sua história, no entanto, remete ao final do século 17, com a ocupação da região pelos bandeirantes

As águas represadas pela barragem de Paraibuna não servem apenas para abastecer as cidades do Vale do Paraíba. Elas são uma gigantesca área de lazer de 224 quilômetros quadrados

Rio grande

2

MRS
TB 36

O Rio Paraíba do Sul, enfim, assume o nome e deixa para trás seus rios formadores com a responsabilidade de seguir seu curso de mais de mil quilômetros até a foz, no extremo leste do Estado do Rio de Janeiro.

Daqui para frente sua vida não será nada fácil. Imagine só ter que matar a sede de 5,5 milhões de pessoas, isso considerando apenas a população atendida no Vale do Paraíba. Se pensarmos no abastecimento dos quase nove milhões de habitantes da região metropolitana do Rio de Janeiro, contemplados graças à transposição de suas águas para o Rio Guandu, aí sua tarefa fica maior ainda.

Assim que sai da barragem de Santa Branca (a segunda barreira artificial em poucos quilômetros a lhe represar o leito e controlar a vazão de 82 m³ de água por segundo), o Rio Paraíba até que revive um pouco seus tempos de vida mansa na tranquila Serra da Bocaina. No pacato município de Guararema, a oxigenação da água ainda está boa, assim como o "pulmão" dos peixes, e a ponte ferroviária sobre o rio, construída em 1876, se mostra bela e sólida. A agradável cena só é interrompida pela tensão de um dos moradores na plataforma da antiga estação de trens. "Estou com muito medo. Disseram que tem uma rachadura na barragem de Santa Branca", conta o agricultor Pedro Matoso. "Se ela estourar, a cidade inteira estará debaixo da água. Só a cruz da igreja vai ficar de fora."

Pouco depois de sair da barragem de Santa Branca, o Rio Paraíba do Sul passa embaixo da antiga ponte ferroviária na cidade de Guararema. Neste trecho suas águas ainda estão despoluídas e com boa oxigenação

O Paraíba do Sul segue seu curso, de costas para um próximo e famoso rio chamado Tietê. A rusga entre os dois vem de longe. Começou há 200 milhões de anos, período este que eles formavam uma calha só. O unificado passado dos rios é uma hipótese, mas dada como certa pela comunidade científica. "Os rios Paraíba do Sul e Tietê foram separados pelo erguimento do maciço de Guararema devido ao afastamento dos continentes africano e sul-americano e o choque das placas tectônicas. A barreira natural que se interpôs no antigo leito obrigou o atual Rio Paraíba a mudar de curso e fazer uma inflexão de quase 180 graus, conhecida como cotovelo de Guararema ", revela Edilson Andrade, geólogo do DAEE (Departamento de Águas e Energia Elétrica do Estado de São Paulo) e coordenador e secretário executivo do CBH (Comitê de Bacias Hidrográficas do Paraíba do Sul no Estado de São Paulo).

Não muito longe da separação do Tietê e Paraíba, os 200 mil moradores de Jacareí, cidade industrial da região, não têm tempo para ouvir os falsos rumores sobre possíveis trincas na barragem. A preocupação está mais relacionada à qualidade das águas do rio que abastecem suas casas. Afinal, o esgoto lançado por Jacareí é o primeiro grande impacto

Em meio às cavas dos areais inundadas pelas águas da chuva, o Rio Paraíba do Sul corre tortuoso na altura da cidade de Taubaté

O riacho da Fazenda Buquira, em São Francisco Xavier, não serve apenas para verter suas águas na Bacia Hidrográfica do Rio Paraíba do Sul. Também serviu como fonte de inspiração de Monteiro Lobato para ambientar o Reino das Águas Claras, no livro *Reinações de Narizinho*

A cidade de Guaratinguetá faz parte da rota de peregrinação religiosa na região e também no resto do País. Foi onde nasceu Frei Galvão, considerado o primeiro e único santo brasileiro

Na altura da cidade de Pindamonhangaba, o Rio Paraíba do Sul já se mostra poluído. Diariamente é despejado um bilhão de litros de esgotos domésticos sem tratamento em toda a sua bacia hidrográfica

poluidor sofrido pelo Rio Paraíba do Sul. De acordo com a Cetesb (Companhia Ambiental do Estado de São Paulo), dos 96% de esgotos coletados na cidade, apenas 20% são tratados.

Para piorar a situação, o próprio rio não ajuda a dispersar a poluição nesta região. "A partir de Jacareí, o leito do Rio Paraíba do Sul passa a ser meandrado, com sinuosidades bastante acentuadas e pouca declividade. Estas características diminuem consideravelmente a velocidade das águas e conferem um ambiente desfavorável à depuração de poluentes", explica Renato Pizzi Rossetti, biólogo do setor de efluentes líquidos da Cetesb.

O quadro do saneamento básico pintado pela ANA (Agência Nacional de Águas) fica mais carregado ainda se levarmos em conta os estudos que demonstram o despejo diário de um bilhão de litros de esgotos domésticos sem tratamento em toda a bacia hidrográfica do Rio Paraíba do Sul. Levantamentos elaborados pela Fundação Coppetec (Laboratório de Hidrologia e Estudos de Meio Ambiente) indicam que das localidades pertencentes à bacia com populações superiores a 15.000 habitantes, cerca de 82% são servidos por rede coletora de esgotos e apenas 17,6% contam com tratamento de seus efluentes domésticos.

No Estado de São Paulo, os números do saneamento básico aliviam um pouco o drama do rio, mas estão longe do ideal, como afirma Edilson Andrade, coordenador e secretário executivo do Comitê de Bacias Hidrográficas do Paraíba do Sul. "Em média, cerca de 40% do esgoto coletado no trecho paulista é devolvido ao rio com algum tipo de tratamento. Os efluentes domésticos são os grandes poluidores das águas, uma vez que as indústrias, principalmente as multinacionais, começaram a cumprir metas estabelecidas pela Cetesb a partir da década de setenta." De fato, o controle e a fiscalização dimi-

nuíram muito o nível de carga de poluição das empresas no Estado de São Paulo, fato que infelizmente ainda não acontece com a maioria dos domicílios.

A urbanização em torno do rio

A rigor, os problemas decorrentes da crescente urbanização nas cidades ao longo do Rio Paraíba do Sul começaram há muito tempo. A partir do fim do século 19, o esgotamento do solo e o consequente declínio das plantações de café na região provocaram a migração de grande parte dos produtores e suas famílias para o oeste paulista. Em 1926, a inauguração da antiga Rio–São Paulo, a primeira rodovia a ligar as duas cidades, se incumbiu de esvaziar um pouco mais as lavouras e aumentar os núcleos urbanos, capitalizados principalmente pela indústria têxtil. No início da década de cinquenta foi a vez da Dutra, recém-inaugurada em 1951, facilitar ainda mais a chegada da comunicação e mão de obra entre as metrópoles, iniciando uma fase que culminaria mais tarde num verdadeiro êxodo rural em direção às cidades. "Até o ano de 1940, dois terços da população do Vale do Paraíba viviam nos campos. Quarenta anos depois, em 1980, esta proporção inverteu, com dois terços dos habitantes morando nos centros urbanos. Hoje em dia muitos municípios do vale não têm sequer 5% de sua população na zona rural, a exemplo de Lorena, que mesmo sem ter um parque industrial significativo, apresenta índices de pessoas no campo inferiores a 4%, diz o sociólogo Nelson Pesciotta, presidente do IEV (Instituto de Estudos Valeparaibanos).

O fenômeno social descrito por Nelson atingiu em cheio a trajetória da família do jornalista Ricardo Donizetti dos Santos, 27 anos, que trabalha no setor de comunicação da Embraer, em São José dos Campos. A primeira geração, liderada por seu bisavô, morava no sul de Minas Gerais e ganhava a vida no lombo de um cavalo trazendo

alimentos para a região do Vale do Paraíba. O avô continuou a saga de tropeiro, mas desta vez entre São Francisco Xavier, na Serra da Mantiqueira, onde comprou uma porção de terra, e São José dos Campos. Quando Aniceto dos Santos, pai de Ricardo, nasceu em 1955, a migração entre o campo e a cidade já estava forte, mas a família dele ainda conseguia subsistir na zona rural vendendo leite e produtos derivados. Até que, aos 17 anos de idade, Aniceto finalmente se rendeu à tendência e foi morar na cidade para trabalhar como auxiliar de produção de uma fabrica têxtil dos Matarazzo. As mudanças não pararam por aí. A árvore genealógica dos Donizetti continuava a crescer. Entra em cena a quarta geração, representada por Ricardo e seu irmão Rodolfo Benedito dos Santos, 32 anos. “Meus pais não tinham estudo, mas nos incentivaram a ler. Meu irmão é graduado em história e fez pós-graduação em cultura caipira. Inspirei-me na determinação dele para me formar em jornalismo. Depois fiz especialização em segurança de voo no ITA (Instituto Tecnológico de Aeronáutica)”, diz o cidadão joseense, com orgulho de quem sabe o esforço que é sair de uma família simples do campo para trabalhar numa empresa de alta tecnologia como a Embraer. “Cresci ouvindo do meu pai que o Paraíba do Sul era a divisa entre o mundo bucólico do campo e a civilização”, conta o jovem piraquara, apelido dado as pessoas que nasceram às margens do Rio Paraíba.

A estabelecida cena industrial que vemos atualmente entre as cidades de Jacareí e Taubaté, onde fábricas nos ramos de alimentos, papel e celulose, automobilístico, química, mecânica, eletroeletrônica e

O Vale do Paraíba presenciou na década de oitenta o êxodo populacional entre as zonas rurais e as cidades. Filho e neto de roceiros, Ricardo Donizetti se beneficiou da migração, estudou no ITA, e trabalha na moderna fábrica da Embraer

15
COMPLEMENTAÇÃO
EMBRAER
FABRICAÇÃO DA
DIANTEIRA I (170 / 190)
BRONZE
FOE

A pecuária foi a principal economia no Vale do Paraíba depois do ciclo do café. Apesar da forte concorrência de Goiás e Mato Grosso, os rebanhos de gado ainda são uma das fontes de renda na região

aeronáutica empregam milhares de pessoas, deslanchou de vez a partir da década de setenta com um ato político destemido. Naquela época, em 1973, o então prefeito nomeado de São Paulo, José Carlos de Figueiredo Ferraz, fez um inflamado discurso em que falava sobre a necessidade urgente da metrópole parar de crescer, numa gritante postura contramão aos projetos desenvolvimentistas implantados pelos governos militares. Figueiredo Ferraz foi destituído do cargo sem aviso prévio pelo governador Laudo Natel, a capital não parou de se expandir, mas um movimento descentralizador se iniciava com aquelas palavras. "O processo de interiorização das indústrias do Estado de São Paulo começou sua fase mais veemente justamente após o discurso feito por José Carlos de Figueiredo Ferraz", conta o professor e historiador Francisco Sodero Toledo, especialista em história do Vale do Paraíba.

Um exemplo do movimento aconteceu no ABC paulista nos anos setenta. A região já estava saturada, principalmente com as indústrias automobilísticas, e os incentivos fiscais começaram a surgir em São José dos Campos, Jacareí, Caçapava e Taubaté.

O moderno e pulsante Vale do Paraíba do século 20 se estabelecia definitivamente na década de oitenta. O caipira de outrora deixa a pá e a roça de lado para vestir a bota e o macacão das fábricas. Botina, aliás, que foi o símbolo da redenção do personagem Jeca Tatu, de Monteiro Lobato, personificado no início como um retrato da personalidade

O caipira das telas

Apesar de não ter nascido no Vale do Paraíba, o ator e cineasta **Amácio Mazzaropi** sempre esteve muito ligado à região. Com apenas dois anos de idade ele se mudou com os pais para a cidade de Taubaté. Na fazenda de seu avô, no município vizinho de Tremembé, começou a ter contato bem próximo com a cultura caipira, que serviria mais tarde de inspiração para nortear sua produção artística e caracterizar um de seus personagens cômicos mais conhecidos.

Em 1952, depois de passar pelo circo e conduzir programas de rádio e televisão na extinta Tupi, o artista estreou *Sai da Frente*, seu primeiro filme, rodado pela Companhia Cinematográfica Vera Cruz. Sete anos depois, em 1959, o cineasta lançou *Jeca Tatu*, um de seus filmes de maior sucesso, baseado no conto Jeca Tatuzinho, uma peça publicitária escrita por Monteiro Lobato para os fortificantes Biotônico Fontoura.

Em 1961, Mazzaropi adquire a fazenda Santa, em Taubaté, onde constrói um estúdio de gravação. No mesmo ano ele produz *Tristeza do Jeca*, seu primeiro filme em cores, e que depois seria também o primeiro longa-metragem veículado pela televisão, no caso, a TV Excelsior. A ligação de Mazzaropi com os temas que envolvessem o universo caipira era tanta que dos 34 filmes que escreveu, produziu e contracenou, pelo menos 14 pertenciam ao gênero.

Os buracos feitos na terra às margens do Rio Paraíba do Sul para a extração de areia são um desastre para o meio ambiente. Além de assorear o rio, destroem as matas ciliares

despretensiosa e indolente do cidadão mestiço que trabalhava na zona rural do Brasil. O conceito do escritor sobre a causa da preguiça do roceiro, pré-concebida na sua experiência como proprietário da fazenda Buquira, no atual município de Monteiro Lobato, no Vale do Paraíba, mudou radicalmente em 1918. Naquela ocasião, Lobato publicou uma série de artigos no jornal *O Estado de S. Paulo* sobre saúde pública e saneamento, descartando as determinações de raça e ambiente, antes consideradas por ele como as culpadas, passando a considerar os vermes e a indiferença da elite política e social como os responsáveis pelos problemas de saúde do caipira.

As botas, os purgantes e a informação seriam as armas contra os parasitas e a ignorância. O Jeca Tatu, até então fraco e ridicularizado, viraria o saudável e produtivo garoto-propaganda dos remédios feitos pelo farmacêutico Cândido Fontoura, como o emblemático fortificante Biotônico Fontoura, vendido até hoje.

As posições e a indignação do autor com o descaso das autoridades encontraram respaldo nas teses dos médicos Arthur Neiva, que elaborou o primeiro código sanitário do Brasil, e Belisário Pena, um grande combatente da febre amarela e malária. Os artigos publicados inicialmente no jornal são reunidos no livro *Problema Vital*, editado por iniciativa da Sociedade Eugênica de São Paulo e da Liga Pró-Saneamento do Brasil.

A briga de Monteiro Lobato e seus parceiros higienistas até que ajudou um pouco a sensibilizar os políticos da época sobre a questão da saúde pública rural, mas o que a discussão contribuiu para valer foi na divulgação dos remédios de Cândido Fontoura.

"Desde que o Vale do Paraíba se tornou uma grande lavoura de café nunca houve nenhum tipo de prevenção, seja ela em relação à saúde do trabalhador rural ou com as águas do Rio Paraíba do Sul. Quando a produção passou para a agropecuária, o problema aumentou com o uso de agrotóxicos que iam parar no rio durante as chuvas e a criação de animais sem nenhum tipo de cuidado à beira do rio. Os projetos de saneamento básico existem desde 1920, mas o problema é que eles sempre demoraram muito para acontecer", explica Aristides Almeida Rocha, professor da Faculdade de Saúde Pública da Universidade de São Paulo.

A mudança no controle da qualidade das águas é historicamente lenta, mas está progredindo. Os pontos de monitoramento no Estado de São Paulo eram apenas 4 em 1978, passaram a 13, em 2000, e atingiram a marca de 17, em 2010. Mesmo assim ainda são insuficientes. O Ministério Público Federal questionou a qualidade das águas do Rio Paraíba do Sul, por causa das constantes reclamações por parte do Estado do Rio de Janeiro, que fica na jusante do rio. Para tanto foi solicitado à Cetesb a ampliação da malha de avaliação no trecho paulista, já que o entendimento era de que os pontos da rede não eram suficientes para a avaliação do rio até a entrada dele no estado fluminense. Assim, foram escolhidos 143 locais para coleta de amostras de água, desde a saída da represa de Santa Branca em São Paulo, até a entrada da represa do Funil na divisa com o Rio de Janeiro.

A ajuda nas análises da água também vem do céu. A Cetesb e o Inpe (Instituto Nacional de Pesquisas Espaciais) estabeleceram um acordo para a instalação de uma Rede Piloto de Plataformas Hidrológicas de Coletas de Dados da Bacia Hidrográfica do Rio Paraíba do Sul. Na prática, o projeto consiste atualmente em 3 unidades instaladas nas cidades de Cruzeiro, Guaratinguetá e Jacareí, dotadas de sensores que medem um conjunto de sete parâmetros indicativos da poluição de natureza química e orgânica. As informações então são enviadas pelos satélites do Inpe SCD-1 e 2 e CBERS-2 para as entidades parceiras do projeto. Tudo em tempo real. A maior contribuição, no entanto, vem de terra firme. A estação de tratamento de esgoto de São José dos Campos e Tremembé, em vias de ser concluída, promete melhorar razoavelmente o nível de saneamento básico na região mais problemática do rio. Na cidade de São José, por exemplo, com seus mais de 600 mil habitantes, o índice de 46% de esgotos tratados em 88% coletados subirá para 80% de tratamento. Em Taubaté, a virada no combate à poluição será ainda mais radical, subindo de 1% de esgotos tratados em 92 coletados para quase 100% de esgotos tratados.

Se pensarmos nos quase dois milhões de pessoas que habitam a região do vale só em São Paulo, e na projeção do crescimento populacional que indica um crescimento em torno de 150.000 habitantes até o ano de 2020, o que corresponde a um aumento de 9% da carga poluidora, dá para imaginar o tamanho da empreitada.

O problema é que a saúde do Paraíba do

Em algumas regiões do Vale do Paraíba o processo de reflorestamento das matas das serras da Mantiqueira, do Mar e da Bocaina já mostra resultados. A garça real encontrada na região de Pindamonhangaba é um exemplo

Aos pés da imponente Serra da Mantiqueira fica a maior comunidade Hare Krishna da América do Sul. Os riachos, além de abastecer o leito do Rio Paraíba do Sul, servem de estímulo para a meditação

Sul, um rio federal, depende da ação política e gestão de três estados. De acordo com a Ceivap (Comitê da Bacia do Paraíba do Sul), 90% dos municípios da bacia hidrográfica de uma região que responde por cerca de 12% do PIB brasileiro não contam com estação de tratamento de esgotos. "O Paraíba é considerado classe 2, que corresponde aos rios que podem servir para o abastecimento de água. Mas em alguns pontos ele esta fora deste padrão, ou seja, não atinge o nível de 5 miligramas de oxigênio por litro de água", alerta Edilson Andrade, secretário executivo do Comitê de Bacias Hidrográficas do Paraíba do Sul.

Quem pode dar uma contundente opinião sobre a real situação do rio são os seus usuários mais diretos: os peixes. O problema é encontrá-los nestas águas, principalmente no trecho lento, baixo e sinuoso entre Jacareí e Taubaté, que corresponde justamente à região mais densamente povoada. Por aqui só nadam tranquilamente os peixes exóticos que vieram de fora, como o tucunaré, trazido do Rio Amazonas, dominante nas represas, e a tilápia, oriunda da África, que devora os ovos dos combalidos lambari, piaba, cascudo e bagre. "O Paraíba do Sul já foi muito bom para a pesca. Mas hoje os peixes estão escassos por conta da pesca predatória, da poluição e da tilápia, que apareceu no rio por causa dos produtores que aderiram à moda da piscicultura nos anos setenta. Fora isso, não pesco mais porque o sabor da carne é ruim e eles são escuros por dentro", diz Rutnei Morato, que, além de ser um frustrado ex-pescador, trabalha na coordenação técnica de assuntos institucionais do CBH.

Se hoje em dia quem reina sob as águas são as tilápias e os tucunarés, entre os séculos 11 e 14 eram os índios da etnia Aratu que ditavam as regras no Vale do Paraíba.

Durante 300 anos estes nativos do Nordeste brasileiro ocuparam terras nas regiões de Santa Branca, Caçapava, Aparecida do Norte e Canas. Da mesma forma que chegaram, não se sabe por que desapareceram sem deixar rastro.

Passagem para as jazidas de ouro

O cenário continuou o mesmo, mas os atores da história mudaram. Saem de cena os Aratu. Entram em ação os portugueses. Desde o início da colonização os dominadores que vieram do velho continente buscaram na região do Vale do Paraíba vestígios de metais preciosos, índios para escravizar, e estabelecer ligações entre o interior e litoral.

No início do século 17 foram percorridas várias trilhas indígenas que conduziam ao litoral Norte e ao sopé da Mantiqueira, de onde as bandeiras partiam até atingir a região das Minas Gerais. O caminho que cruzava a garganta do Embaú, uma parte baixa da serra na região onde hoje fica a cidade de Cruzeiro, se tornou a mais importante passagem para alcançar as primeiras jazidas de ouro. "Em 1645 foi fundada a Vila de São Francisco das Chagas de Taubaté, o grande centro irradiador do povoamento da região. Quarenta e oito anos depois, em 1693, grupos de bandeirantes partindo de Taubaté e chefiados por Antônio Rodrigues Arzão, descobriram as primeiras minas de ouro, na atual Ouro Preto", explica o professor e historiador Francisco Sodero Toledo, especialista em história do Vale do Paraíba.

A mesma Serra da Mantiqueira, que serviu no passado de rota para as descobertas das minas de ouro, serve até hoje como fonte de outro tipo de preciosidade, equivocadamente classificada como inesgotável: as minas e nascentes de água que vertem todo seu fluxo para o Rio Paraíba do Sul.

No sopé da cadeia montanhosa, na zona rural do município de Pindamonhangaba, a maior comunidade do movimento Hare Krishna na América do Sul sabe muito bem como os olhos d`água, assim como o vil metal cobiçado no período colonial, simplesmente acabam. "Quando eu cheguei na comunidade para morar, em 1978, esta fazenda de 127 hectares era só pastagem. Naquela época aconteciam muitas queimadas na serra e só havia 4 nascentes dentro desta área. Hoje em dia, nós temos 27 olhos d`água e a vegetação foi praticamente toda recuperada. Até a garça real, que nunca mais tinha sido vista por aqui, começou a aparecer", festeja Guru Dasa, um dos líderes da sociedade alternativa, orgulhoso de ter recuperado nascentes como a do Rio da Canjarana, que brota no alto da Serra da Mantiqueira, aflui para o Ribeirão Grande, que, por sua vez, deságua no Rio Paraíba do Sul. O eficiente reflorestamento chamou a atenção do Ibama (Instituto Brasileiro do Meio Ambiente e dos Recursos Naturais Renováveis), que não teve dúvidas em fazer um acordo com os seguidores de Sri Krishna Chaitanya Mahaprabhu para

O santo

O primeiro e único santo genuinamente brasileiro nasceu em 1739 no município de Guaratinguetá, no Vale do Paraíba. A casa onde viveu Antônio de Sant'Ana Galvão, o Frei Galvão, abriga hoje um **museu** que, em sua homenagem, assim como a igreja onde ele foi batizado e rezou sua primeira missa, levam atualmente seu nome. No pequeno templo católico em Guaratinguetá, e também no Mosteiro da Luz, em São Paulo, onde ele está enterrado, seus devotos buscam a cura de suas mazelas ingerindo as milagrosas pílulas de Frei Galvão. A fama delas começou quando o frei escreveu uma oração em um pedaço de papel, a enrolou em forma de pílula e depois deu a uma jovem que estava quase morrendo devido a fortes cólicas renais. Milagre! As dores cessaram e a mulher expeliu uma pedra do rim.

Campanha da Fraternidade 2004
CNBB
CENTENÁRIO DA COROAÇÃO

No alto: A atual Basílica de Nossa Senhora Aparecida foi erguida em 1980 e hoje recebe por ano mais de 9,5 milhões de fiéis e visitantes. **Embaixo:** Ex-votos de todas as regiões do País

Considerada um dos maiores templos católicos do mundo, a Basílica guarda em seu interior a imagem da padroeira do Brasil, encontrada por pescadores em 1717, no Rio Paraíba do Sul

poder soltar em suas terras animais apreendidos em outras regiões.

Pertinho da auspiciosa fazenda dos Hare Krishnas, outro animal cada vez mais raro de ser avistado se refugia numa área de encosta íngreme da imponente Serra da Mantiqueira. Os muriquis, também conhecidos como mono-carvoeiros, encontram nesta área de difícil acesso de 1.200 hectares um lugar seguro para fugir da extinção e poder continuar a ostentar o título de maior primata das Américas. A população de 40 muriquis do sul que vivem aqui (eles se diferem dos muriquis do norte por manter a cara preta ao longo de toda a vida) é monitorada diariamente para garantir sua preservação, uma vez que o número de indivíduos não pode ser inferior a trinta. "A população está estável, mas a ameaça da perda de hábitat e caça indiscriminada, que também está relacionada ao corte do palmito, ainda estão presentes. Os palmiteiros salivam quando pensam na rabada de muriqui. Seja no norte do Rio Paraíba, onde ficam os muriquis do norte, seja para baixo do rio, região habitada pelos muriquis do sul", lamenta Maurício Talebe, coordenador científico da Associação Pró-Muriqui. O projeto pretende recuperar 150 mil hectares de área desmatada nos próximos dez anos conectando áreas de mata entre os municípios de

Natividade, Redenção da Serra e São Luiz do Paraitinga, no lado da Serra do Mar, e Guaratinguetá, Aparecida e Lorena, na Serra da Mantiqueira.

O achado da Santa Padroeira

As cidades de Guaratinguetá e Aparecida não são referências apenas no proposto mapa verde do Vale do Paraíba. Há muito tempo elas fazem parte da rota de peregrinação religiosa na região e também no resto do País. A primeira por ser a cidade natal de Frei Galvão, considerado o primeiro e único santo brasileiro. A segunda por abrigar a Basílica de Nossa Senhora Aparecida, um dos maiores santuários católicos do mundo, onde fica exposta a imagem da santa padroeira do Brasil. A milagrosa história remete ao ano de 1717, quando três pescadores, em vez de peixes, retiraram das águas do Rio Paraíba do Sul o corpo de uma imagem. Lançaram a rede novamente e recolheram a cabeça. Era a imagem de Nossa Senhora da Conceição. Por ter surgido na devoção do povo de um modo tão misterioso, passou a ser conhecida como Aparecida.

A primeira igreja feita pare receber os devotos da santa foi construída em 1745, mas sua estrutura de taipa e pilão não resistiu ao tempo. No seu lugar apareceu a Matriz Basílica, erguida em 1888, que funcionou até 1983, ano em que foi tombada

Largada ao abandono, a estação ferroviária de Cachoeira Paulista foi uma das mais importantes paradas da Estrada de Ferro Dom Pedro II, que depois passaria a se chamar Central do Brasil

como patrimônio histórico. Por fim, um gigantesco projeto fez subir em 1980 a atual Basílica, que recebe por ano mais de 9,5 milhões de fiéis e visitantes.

Devoto de Nossa Senhora Aparecida, seu Carlos Rabelo, 76 anos, só demonstra mais fervor quando fala sobre sua antiga profissão de maquinista e instrutor de trens na cidade de Cruzeiro, nascida em função da estação erguida ali em 1884 para ligar a Estrada de Ferro Dom Pedro II (que depois passaria a se chamar Central do Brasil) com o sul de Minas Gerais. "Comecei minha carreira ensinando a conduzir o trem a vapor que circulava na época da Central do Brasil. Cheguei a transportar mais de mil pessoas entre o sul de Minas e Cruzeiro. Quando chegávamos aqui, metade das pessoas ia para a estação de Cachoeira Paulista e embarcava para o Rio de Janeiro, e a outra parte seguia para a cidade de São Paulo", relembra com ares de nostalgia, ao mesmo tempo em que termina mais uma réplica de trem, seu atual passatempo e paixão.

A biografia de seu Carlos faz parte de outra história muito emblemática para o nosso país. Construída em 1855, a Companhia da Estrada de Ferro Dom Pedro II saiu do papel para atravessar todo o Vale do Paraíba, o principal polo produtor de café brasileiro na época, e ligar a região com São Paulo e Rio de Janeiro, o principal porto de exportação do País.

A linha ferroviária que corta o Vale do Paraíba começou a ser construída em 1855. Na época, o principal objetivo era escoar a produção de café da região em direção ao porto no Rio de Janeiro

A paixão de seu Carlos Rabelo são os trens. Aposentado, o ex-maquinista e instrutor da Central do Brasil se dedica à arte de fazer réplicas fiéis das antigas locomotivas

756
CENTRAL

O vale da guerra

O Vale do Paraíba foi o principal palco de batalha da **Revolução Constitucionalista de 1932.** O movimento armado começou no dia 9 de julho com o levante das tropas paulistas para tirar do poder o governo provisório liderado por Getúlio Vargas e promulgar uma nova constituição para o Brasil.

O *front* da guerra se deu justamente no Vale do Paraíba, uma vez que a região fica entre as cidades de São Paulo e Rio de Janeiro, e o plano dos paulistas era dominar a cidade de Resende e depois invadir a então capital federal num ataque rápido e fulminante. Na prática, com a desistência de aliados como o Rio Grande do Sul e Minas Gerais, as tropas de São Paulo se viram em grande desvantagem em relação às tropas federais. Na cidade de Cruzeiro, situada próxima à divisa entre os Estados de São Paulo e Minas, aconteceram algumas das principais batalhas em torno deste ponto militar considerado estratégico. O conflito armado durou 87 dias e terminou com um saldo oficial de 934 mortes e a derrota dos paulistas.

Assim como os trens de carga que ainda circulam pela antiga estrada de ferro, o Rio Paraíba do Sul segue seu rumo em direção a Queluz, a última cidade banhada por suas águas antes de entrar no Estado do Rio de Janeiro. Próximo à entrada do município, duas pequenas barragens em fase final de construção (chamadas PCHs — pequenas centrais hidrelétricas) mostram que o rio continua, apesar de tudo, a contribuir com a geração de energia. Depois de passar por trechos difíceis entre Jacareí e Taubaté, onde sua própria morfologia, associada a altas densidades populacionais e à falta de tratamento de esgotos domésticos, deixou suas águas em alguns pontos com baixos níveis de oxigênio, o rio segue mais vivo do que nunca. A partir de Lorena, o Paraíba do Sul perde grande parte de sua sinuosidade e em certos pontos apresenta pequenos saltos e corredeiras, aumentando consideravelmente sua velocidade. Estas condições melhoram a sua capacidade de autodepuração por meio da oxigenação da massa de água. Enfim, depois de tanto sufoco, o Rio Paraíba do Sul respira com menos dificuldade.

Apesar da vazão controlada pelas barragens, no período de cheias o nível do Rio Paraíba do Sul, como neste ponto próximo à cidade de Pindamonhangaba, aumenta muito e, às vezes, as águas chegam a subir mais de três metros

A construção de pequenas centrais hidrelétricas, como esta obra próxima à cidade de Queluz, é uma alternativa de menor impacto ambiental do que as grandes barragens que alteram a vazão do rio

3 Vidas secas

A água cobre dois terços da superfície da Terra. Coincidentemente, a mesma proporção é encontrada dentro do corpo humano. A sensação de abundância que temos do valioso líquido certamente é uma das causas de tanto desperdício. De acordo com um estudo da FAO, agência das Nações Unidas para agricultura e alimentação, a utilização da água pelo homem dobrou em relação ao crescimento populacional no último século.

O Rio Paraíba do Sul não escapou desse padrão. A disputa pela água que corre em seu leito de 1.150 quilômetros de extensão e que atravessa três estados brasileiros, é um grande exemplo do que o ser humano é capaz de fazer para ter acesso a essa riqueza natural cada vez mais escassa e preciosa. E a concorrência pelos recursos hídricos vem de longa data.

Por volta de 1905, o Rio Paraíba do Sul começava a despertar a atenção do governo federal quanto ao seu gerenciamento. Devido à escassez de fontes próximas à Baixada Fluminense e às pressões dos grupos políticos e econômicos, uma vez que a cidade do Rio de Janeiro era a capital do Brasil, foi determinado o primeiro desvio de suas águas para abastecer a região de água e energia elétrica.

Em 1913, a Light terminou a construção de uma barragem e um reservatório no médio Rio Piraí, e foi autorizado o desvio de parte das águas da bacia do Paraíba do Sul para a bacia do Rio Guandu. Cerca de 25 m^3/s eram desviados e elevados por cerca de 35 metros em direção ao topo da serra e depois seguiam para o ribeirão das Lajes e Rio Guandu, na baixada.

No ano de 1945, novamente com a justificativa do crescimento econômico e populacional da região metropolitana do Rio de Janeiro, o governo federal autorizou o segundo desvio de águas da bacia do Paraíba do Sul ao Guandu a partir do baixo Piraí e do próprio curso do Paraíba do Sul. A usina elevatória de Santa Cecília estava autorizada desta vez a um volume bem maior: 160 m^3/s ou 160 mil litros por segundo, o que na prática significa a transposição de 2/3 das águas do Rio Paraíba.

Como a nascente do rio fica no município de Areias, na Serra da Bocaina, ou seja, em território paulista, a controvérsia sobre como melhor gerir o rio passa a ser uma questão entre estados.

"Só uma pequena parte da água extraída do Rio Paraíba do Sul é para o consumo da população da região metropolitana do Rio de Janeiro. A maior porção serve apenas para lavar o esgoto do Rio Guandu. Apesar disso, os reservatórios de São Paulo precisam garantir a água o ano todo, inclusive nos períodos de seca", reclama Luiz Gonzaga dos Santos, ex-presidente do CBH-PS

Em alguns trechos a rodovia Presidente Dutra e o Rio Paraíba do Sul seguem juntos. A construção da estrada, em 1951, trouxe consigo a industrialização para o eixo Rio–São Paulo

Em funcionamento desde 1969, a Represa do Funil tem 40 km^2 de área inundada e volume de 8,9 bilhões de metros cúbicos de água. Sua capacidade atinge 216 MW de potência, capaz de atender a uma cidade de 520 mil habitantes

A base das Prateleiras, no Parque Nacional do Itatiaia, tem vista do Vale do Paraíba. Ao fundo, a Serra Fina abriga a Pedra da Mina, com 2.798 metros de altitude, ponto culminante do Estado de São Paulo

Construída em 1780, a Fazenda Boa Vista foi uma das primeiras do ciclo do café na região de Bananal. Sua suntuosidade já serviu de locação para novelas de época

(Comitê das Bacias Hidrográficas do Rio Paraíba do Sul no Estado de São Paulo).

Se uma transposição gera, além de água e energia, muita polêmica, imagine duas transposições. O governo de São Paulo estabeleceu que até o ano de 2035 a região metropolitana em torno da capital tenha um acréscimo de 56 m³/s de água para que não haja risco de desabastecimento. Os estudos técnicos ainda não definiram o local a ser feito o desvio, mas o Rio Paraíba do Sul é um forte candidato para suprir a futura demanda.

"Vemos com muita preocupação a possível transposição das águas do Rio Paraíba do Sul para abastecer a região metropolitana de São Paulo. Os 160 m³/s, outorgados em contrato por meio de um decreto presidencial, captados para suprir o Rio de Janeiro, são essenciais para o nosso abastecimento. A seca que aconteceu em 2006 foi um grande exemplo e a situação ficou bastante critica. O Rio Paraíba do Sul está com sua capacidade de vazão no limite", alerta Luiz Firmino, presidente do Inea (Instituto Estadual do Ambiente), órgão ligado à Secretaria de Meio Ambiente do Rio de Janeiro e que monitora as águas do Rio Paraíba do Sul em dezesseis estações de amostragem na calha principal e 21 pontos nos afluentes.

"O Paraíba do Sul chega sujo no nosso estado. Só melhora o índice de qualidade de suas águas porque a Represa do Funil funciona como se fosse uma espécie de estação de tratamento natural, oxigenando e decantando a água poluída que desemboca nela. Mesmo assim há uma grande proliferação de cianobactérias tóxicas que se alimentam de nutrientes retirados de matéria orgânica", explica Marilene Ra-

Considerados essenciais para o deslocamento e a manutenção da fauna, os topos de morros e matas ciliares ao longo da Bacia Hidrográfica do Rio Paraíba do Sul foram desmatados ainda no ciclo do café, durante os séculos 18 e 19

➲ O artesão paulistano Camilo de Oliveira mexeu com a estagnação econômica de Silveiras. Depois de sua chegada, a cidade se transformou num importante polo de artesanato no Brasil

A cidade de Areias tinha vinte mil moradores no auge do ciclo do café. O fim das lavouras trouxe a decadência. Atualmente são apenas quatro mil habitantes

mos, secretária do Meio Ambiente do Rio de Janeiro e presidente do Ceivap (Comitê de Integração da Bacia Hidrográfica do Rio Paraíba do Sul).

Localizado no município de Resende, na divisa dos estados do Rio de Janeiro e São Paulo, o reservatório do Funil foi construído para regular a vazão do rio e gerar energia elétrica. A contenda entre os dois estados se dá mais uma vez pelo controle da água, na medida em que a bacia do reservatório está, em sua quase totalidade, situada no Estado de São Paulo, e as atividades desenvolvidas à montante (a região da nascente) exercem grande influência sobre as águas do rio à jusante (extremo oposto à nascente).

Próxima à fonte de abastecimento, e da discórdia, a rodovia SP 068, mais conhecida como a Estrada dos Tropeiros, que passa ao largo da Represa do Funil, atravessa uma região alheia a qualquer tipo de discussão em torno do progresso, seja ele para o bem ou para o mal. O relógio por estas bandas parece ter parado no tempo em que este caminho serviu de passagem para D. Pedro I retornar à capital do Império depois de proclamar a independência do Brasil em São Paulo.

O declínio dos ciclos econômicos

Em Areias, município que viveu seu apogeu durante o ciclo do café no século 19, a rotina de um dia qualquer da semana se arrasta da mesma forma com que os projetos de saneamento básico na bacia do Rio Paraíba do Sul demoram a sair do papel.

Foi aqui que Monteiro Lobato, na época em que ainda trabalhava como promotor público, se inspirou para escrever o livro *Cidades Mortas*. Dizia ele: "Ali tudo foi, nada é. Não se conjugam verbos no presente. Tudo é pretérito. Umas tantas cidades moribundas arrastam um viver decrépito, gasto em chorar na mesquinhez de hoje as saudosas grandezas de dantes", definiu o autor com

Médico
Dentista
Professora
Benzedeira
Médica
Salão de Baile
Bordel

Os balaios de seu Josias Florenso não servem mais para carregar produtos sobre o lombo dos burros. O ex-tropeiro ganha a vida vendendo as tradicionais cestas de outrora como artesanato

A capela feita em estilo barroco e talhada a ouro da Fazenda Resgate era só mais um dos luxos da propriedade do comendador Manoel Aguiar Vallim, um dos principais produtores de café do Brasil no período colonial

mordaz ironia. Lobato teorizou nesta obra, publicada em 1919, sobre o declínio dos ciclos econômicos baseados em culturas nômades, como a do café. Na medida em que as riquezas iam embora com o enfraquecimento do solo, a região ficava às margens do processo de crescimento e industrialização, já em andamento em outras áreas do País. Mas o tiro de misericórdia no quase sepultamento destas cidades foi a construção da rodovia Presidente Dutra, em 1951, desviando dali o fluxo dos viajantes entre o Rio de Janeiro e São Paulo. A estrada, que passa próxima às malfadadas terras, mas não o suficiente para integrá-las ao desenvolvimento, tirou qualquer chance das antigas urbes, a esta altura já vivendo um certo ostracismo, de entrar no eixo industrial criado entre os dois maiores centros urbanos e industriais do Brasil. Em seu auge, por volta do fim do século 19, Areias tinha mais de vinte mil habitantes. Atualmente os moradores não passam de quatro mil.

No pacato e também estagnado município vizinho de Silveiras, Camilo de Oliveira, um artesão vindo de São Paulo na década de setenta, foi um dos poucos a mexer com a velha estrutura decadente das "cidades mortas". "Quando cheguei ainda jovem aqui, não havia empregos. Para arrumar trabalho, só se fizesse parte de um dos dois grupos de agropecuaristas que dominavam a política local. Aí eu comecei a produzir minhas peças e muitas pessoas passaram a me procurar para aprender o trabalho de artesão." O tranquilo e despretensioso artesão paulistano não tinha ideia do que estava acontecendo por trás de seu simples ato de ensinar um novo ofício aos caboclos. "Alguns fazendeiros não gostaram do que eu estava fazendo. Certa vez, um deles veio falar comigo e reclamar pelo fato de seu 'agregado'– esse era o termo utilizado para designar seu funcionário – ter largado o emprego para virar artesão. Eu disse que o seu ex-empregado era um artista e ele me

O guarda inconfidente

A história de Tiradentes está profundamente ligada à região onde fica a cidade de Paraíba do Sul. No final do século 18, Joaquim da Silva Xavier era um dos Alferes do Império (a patente de oficial inferior a tenente) responsável pela guarda do caminho novo, aberto por Garcia Rodrigues Paes, filho do bandeirante Fernão Dias.

Enquanto tomava conta da rota por onde passava o ouro, Tiradentes pregava com entusiasmo os ideais da Inconfidência Mineira pelas estradas e aldeias, entre elas, Sebollas, em Paraíba do Sul. Em 1792, na ocasião de sua condenação e sentença de morte, o povoado de Sebollas recebeu parte dos restos mortais do mártir, enterrados no antigo altar da **Igreja de Sant'Anna de Sebollas.** O lugar atualmente se chama Inconfidência e é um distrito da cidade de Paraíba do Sul.

O pintor alemão Johann Moritz Rugendas retratou as paisagens e os costumes do País, como este desenho dos escravos do século 19, no Vale do Paraíba

respondeu rispidamente que também precisava de artistas para fazer as cercas em sua propriedade", relembra, sem esquecer também da senhora que o acusava de roubar as empregadas domésticas. O fato mostra bem como eram, e ainda são, as relações de trabalho em muitas regiões esquecidas pelo estado no território brasileiro.

O ateliê de Camilo se transformou, mesmo que informalmente, em escola. Muitos "agregados das fazendas", depois de aprender a arte de esculpir figuras em madeiras, largaram seus subempregos para se dedicar à nova profissão. "A grande maioria já era artesão. Só que eles não tinham ideia de que os pilões e gamelas que talhavam no jacarandá poderiam ser feitos de uma forma diferente e vendidos para decorar um ambiente, e não apenas para uso doméstico", explica o mestre em esculpir pássaros, como as inúmeras espécies de pica-paus que existem na Serra da Bocaina, técnica que só foi possível desenvolver depois de ter aulas com o ornitólogo e taxidermista (empalhador) José Hidasi. "O volume de artesanato produzido em Silveiras é muito grande. Hoje em dia, vêm compradores do Brasil inteiro para cá, atrás principalmente dos passarinhos", conclui satisfeito.

Não muito longe do ateliê de Camilo, um simpático velhinho encarna como ninguém o pacato jeito de ser do cidadão silveirense. Alojado num pequeno roçado às margens do Rio do Ronco, um afluente do Rio Paraíba do Sul, seu Josias Florenso, um ex-tropeiro de 80 anos, conta sua história com orgulho e a típica fala mansa de quem nasceu em Aiuruoca, no sul de Minas Gerais. "Quando cheguei em Silveiras, no ano de 1950, trouxe três burros de Minas. Aí eu comprei mais cinco e formei minha tropa. A gente vendia milho, feijão e batata nas cidades de Queluz e Cachoeira Paulista. Esta tropa durou dezesseis anos. Depois eu fiz uma outra com sete burros, só que levávamos madeira, principalmente candeia. Tirávamos tudo da Serra da Bocaina. Aí, em 1969, proibiram o corte das árvores e as tropas acabaram de vez", relembra, com um certo ar de tristeza.

As fazendas cafeeiras viram história

O fim da atividade determinou que o comerciante passasse a ganhar a vida tecendo os mesmos balaios que usava na época que viajava com sua comitiva, e também fazendo fubá numa roda d`água de 1916 que fica sobre o Rio do Ronco. Enquanto mói o milho, este valente roceiro, pai de catorze filhos, conclui serenamente que a cidade de Silveiras não mudou nada desde que ele chegou há sessenta anos. "Aqui tá tudo igualzinho à época em que vim para cá. Assim como a cidade, também não mudei nada. Durmo na mesma cama até hoje", recorda, às gargalhadas.

A prosa de seu Josias ficou para trás, mas o que não falta na Estrada dos Tropeiros são histórias, sejam elas contadas por meio de bons causos, ou pela preservada arquitetura das fazendas cafeeiras do período colonial.

Original da Etiópia Central, na África, o café foi introduzido no Brasil em 1730 pelo militar português Francisco de Melo Palheta, que trouxe da Guiana Francesa algumas sementes da planta.

Desde então, o cultivo começara de forma experimental no Pará e depois no Maranhão, até chegar por volta de 1770 ao Rio de Janeiro. Naquela época, os agricultores ainda não se mostravam interessados em plantar uma nova cultura, uma vez que a cana-de-açúcar era o principal produto da economia brasileira. O cenário começou a mudar com a crise do açúcar e do algodão, que haviam sido ultrapassados no mercado internacional pela produção dos Estados Unidos e as colônias europeias do Caribe, e o aumento da demanda mundial pelo café, impulsionados pelo crescente hábito de consumir a bebida nos países industrializados.

Entre as décadas de 1820 e 1870, o plantio atinge seu ápice nas terras do Vale do Paraíba, onde encontrara um vasto solo fértil. Durante este período, o Brasil se tornou o maior produtor mundial, com até 60% de suas exportações representadas pelo café.

A "marcha do café", expressão usada por Monteiro Lobato para definir a característica itinerante desta cultura, sai das exauridas e esgotadas terras do vale e se muda para o oeste paulista, onde vai manter a hegemonia brasileira até a crise financeira de 1929, com a quebra da bolsa de valores de Nova York e a queda dos preços no mercado externo.

O dinheiro do café se foi, mas as fazendas históricas continuam de pé no Vale do Paraíba. A Fazenda Boa Vista, por exemplo, desperta o interesse dos turistas que se hospedam nela, da mesma forma que chamou a atenção dos diretores da Rede Globo que gravaram cenas das novelas de época *Cabocla* e *Sinhá Moça* nesta relíquia construída em 1780.

Ambos não resistiram ao charme bicentenário do casarão e de sua alameda de palmeiras imperiais, atestado de nobreza nas fazendas do Brasil Império.

Quem não resistiu também aos encantos, só que da fazenda Pau d`Alho, e parou por aqui para um almoço, foi D. Pedro I, a esta altura Imperador do Brasil, uma vez que retornava de São Paulo após gritar "Independência ou morte" às margens do Rio Ipiranga.

Naquela ocasião, a nobre visita foi recebida com um banquete oferecido pelo coronel português João Ferreira de Souza, um dos fundadores da cidade de São José do Barreiro e importante cultivador de café.

Construída em 1818, a Pau d`Alho, que é toda circundada por muros de pedra, já

A Fazenda Pau d'Alho chegou a abrigar mais de 150 escravos em suas senzalas no início do século 19. Abandonada pelo último herdeiro, a fazenda foi restaurada e virou patrimônio nacional

No ápice do ciclo do café, a cidade de Bananal tinha a maior renda do Estado de São Paulo. Daquela época ainda estão de pé muitos casarões e igrejas, além da farmácia mais antiga em funcionamento no Brasil

mostra seu valor na entrada com o portão de ferro e a fileira de palmeiras imperiais. O pátio interno é cercado por senzalas que abrigavam mais de 150 escravos (depois se hospedaram ali os imigrantes italianos), cocheiras, tulhas (casa onde se guardava café) e outras dependências. O embasamento da casa grande é de pedra e as paredes foram feitas de taipas e amassadas por pilão. Abandonada pelo último herdeiro, a fazenda foi entregue em 1968 ao Governo do Estado de São Paulo para que fosse restaurado o conjunto arquitetônico e transformada a histórica fazenda em patrimônio nacional.

A pouco mais de setenta quilômetros da Pau d`Alho, na região de Bananal, o maior centro cafeicultor no Vale do Paraíba paulista durante o século 18, a fazenda Resgate é a propriedade que melhor simboliza a envergadura do poder que os grandes senhores do café tinham. O nome sugestivo procede. Tanto a fachada quanto o interior e seus objetos são originais da época em que o comendador Manoel Aguiar Vallim, considerado, junto com o comendador José de Souza Breves, o mais poderoso produtor de café do Brasil, morava neste palacete neoclássico, a última moda em Paris. O fausto está por todo lado. No teto, há lustres trazidos da Boêmia. Nas paredes, afrescos pintados pelo pintor espanhol José Maria Vilarongo dividem o espaço com um cravo inglês Butcher & Watlen e aparelhos de prata franceses da Casa Christofle.

A influência de Manoel Vallim era tamanha que o primeiro empréstimo do governo imperial junto ao banco londrino Rotschild foi avalizado por ele. Para se ter ideia, sua fortuna representava 1% de todo o papel moeda emitido no País, composta por inúmeros títulos da dívida pública (inclusive dos Estados Unidos), bens em ouro, prata e brilhantes.

Com tanto prestígio vindo do seu cidadão mais ilustre, não é difícil entender por que a cidade de Bananal, cuja renda era

a maior do Estado de São Paulo, cerca de 35% superior à capital, ostentava igrejas e casarões tão imponentes. A estação de trem não deixava por menos, e foi importada da Bélgica. Toda a estrutura de metal e as chapas vieram de navio para que pudesse ser trocada de lugar quando o barão Aguiar assim o desejasse.

O barão fazia parte de um grupo de importantes comerciantes portugueses e descendentes que resolveram sair da capital imperial para se aventurar com uma cultura agrícola até então obscura. "O cultivo de café para exportação era um negócio de alto risco e exigia muito dinheiro. No começo, por volta do fim do século 18, o império não tinha conhecimento suficiente e foi usando algumas regiões do Brasil como laboratório, como, por exemplo, a Floresta da Tijuca, no Rio de Janeiro, o primeiro lugar a ter um plantio intenso", explica o historiador Paulo Roberto Pinto de Araujo, da Universidade Veiga de Almeida.

A partir do sucesso das lavouras na capital imperial, que, por sua vez, desmataram a região e prejudicaram o abastecimento de água na cidade, duas correntes migratórias se destacaram na ocupação do Vale do Paraíba. A primeira aconteceu com as famílias de Minas Gerais que vieram depois de enriquecerem com a mineração e comércio do ouro. A segunda formou-se com portugueses, comerciantes da corte, aristocratas e burocratas do império que foram estimulados pelo governo por meio do fornecimento de terras.

"A ocupação do vale com as lavouras de café começou por Resende, local das primeiras plantações, de onde os desbravadores usaram o curso do Rio Paraíba do Sul e seus afluentes para alcançar, por um lado, as serras do norte paulista (região de Silveiras, Areias, São José do Barreiro e Bananal), e, por outro, São João Marcos, Barra Mansa, Piraí, Valença, Vassouras e Paraíba do Sul", conclui Paulo.

De cima é fácil entender a origem do nome de Volta Redonda. O Rio Paraíba do Sul faz uma curva de quase 180 graus na cidade

O vale do céu

Fundado em 1937, o Parque Nacional do Itatiaia, localizado na Serra da Mantiqueira, bem na divisa entre os estados do Rio de Janeiro, Minas Gerais e São Paulo, é o mais antigo parque nacional do Brasil. O nome Itatiaia, que na língua dos índios puris significa "lugar das pedras pontiagudas", já diz tudo. Do alto do maciço, onde despontam picos como o das **Agulhas Negras**, com 2.791 metros de altitude, Serra do Maromba, com 2.607 metros, e Prateleiras, com 2.548 metros, nascem vários rios que alimentam a bacia hidrográfica do Rio Paraíba do Sul que corre lá embaixo, em meio ao Vale do Paraíba. Nos chamados campos de altitude, predominam musgos, líquens e bromélias, algumas delas endêmicas, num cenário que mais se parece com outro planeta. As principais fontes que vertem suas águas a partir da parte alta do parque, acessado pelo povoado de Engenheiro Passos, distrito da cidade de Resende, são as do Campo Belo e Maromba. Na parte baixa, no município de Itatiaia, os mesmos rios se destacam, mas na forma de cachoeiras, como a Véu de Noiva, com seus 40 metros de altura que despencam do Rio Maromba, ou os dez metros de queda d'água da Poranga (em tupi significa "beleza"), que depois se transformam numa grande piscina natural formada pelo Rio Campo Belo.

Os trezentos quilômetros quadrados (equivalentes a trinta mil hectares) abrigam, principalmente na exuberante Mata Atlântica na encosta da serra, mamíferos como o caxinguelê, a paca, o quati e a anta, além de 366 espécies de aves, como o jacu, muitas espécies de corujas e beija-flores, além de tucanos-de-bico-verde, saíras e guachos.

As primeiras lavouras de café ocorreram na região de Resende, cidade que, hoje, é uma das maiores do Vale do Paraíba

No auge do cultivo, em meados do século 19, o Vale do Paraíba era o principal produtor de café do Brasil. A província fluminense, com 77% das exportações, foi a região que mais se destacou, chegando ao impressionante número de oito milhões de arrobas, o que equivale a cerca de 120 milhões de quilos por ano. Só na região de Vassouras, conhecida como a cidade dos barões, eram ensacados até 1 milhão e 500 mil arrobas.

O município de São João Marcos, um dos principais centros cafeeiros do País, não sofreu apenas com a decadência do plantio no fim do século 19, mas, principalmente, com um erro grosseiro dos técnicos que planejaram a represa de Ribeirão das Lajes, que ajuda no abastecimento de água e energia para a região metropolitana do Rio de Janeiro.

Em 1940, a população inteira foi retirada para que em seguida toda a estrutura urbana fosse demolida para facilitar a formação do reservatório. Só que a esperada invasão das águas não chegou, e só ficaram as ruínas da antiga cidade, uma das principais bases do comendador José de Souza Breves, o mais influente produtor de café do Brasil, que chegou a ter quarenta fazendas e mais de 5 mil escravos. Atualmente, o que sobrou de seu território (os moradores não passam de novecentos) faz parte do município de Rio Claro, que, por ironia do destino, era um bairro de São João Marcos até o triste episódio de sua destruição.

A rota do ouro entre Minas e Rio

A cidade de Paraíba do Sul, outro importante polo cafeicultor do vale no século 19, continua de pé, mas sua arquitetura colonial já foi muito descaracterizada. Se os edifícios foram derrubados pelo tempo e a ignorância, restaram as lembranças e alguns documentos dos tempos em que estas paragens eram fontes disseminadoras de civilização, ainda no começo do século 18. O primeiro relato documentado sobre a região, feito em 1708 por um viajante e cronista chamado Antonil, que seguia rumo a Minas, representa a relevância, apesar de indireta, do Rio Paraíba do Sul no processo de interiorização do Brasil: "E daí se vai pousar no mato ao pé de um morro que chamam Caburu. Desse morro se vai ao famoso Rio Paraíba, cuja passagem se dá em canoas. Há uma venda de Garcia Rodrigues, e há também muitos ranchos para os passageiros, e da parte d`além está a casa do dito Garcia Rodrigues, com longuíssimas roçarias".

De acordo com Ligia Vaz, presidente da Fundação Cultural de Paraíba do Sul, Garcia Rodrigues Paes, filho do bandeirante Fernão Dias, percebeu em uma viagem com seu pai pelo local, no ano de 1681, que uma trilha indígena percorrida por eles poderia ser uma alternativa mais curta do que o antigo caminho do ouro entre Minas Gerais e o Rio de Janeiro. "A nova rota encurtava em quinze dias a viagem que durava 45 dias pelo caminho velho. O Garcia, então, firmou um contrato com a Corte Portuguesa, que lhe concedeu uma imensa sesmaria em troca da garantia de que ele fizesse do lugar um centro produtivo, com culturas de subsistência e ranchos para servir os viajantes, tropas de animais e trabalhadores da construção da via."

O empreendedorismo e a visão de Garcia Rodrigues, que ganhou fortunas com sua rota do ouro entre Minas Gerais e o Rio de Janeiro, foi o mesmo que levou o Presidente Getúlio Vargas, em 1941, a decretar a construção da Companhia Siderúrgica Nacional, em Volta Redonda, às margens do Rio Paraíba do Sul.

Naquela época, sequer existia a Dutra e Volta Redonda era apenas um pequeno bairro do município de Barra Mansa, mas a missão de abastecer os Estados Unidos, a esta altura já envolvidos na Segunda Guerra Mundial, com minérios para sua indústria bélica, transformaram o lugar no principal polo siderúrgico do Brasil.

Desde o início de seu funcionamento, o grande complexo de produção de aço, que, assim como o ciclo do ouro, traz seu minério de Minas Gerais, converteu a região, até então vivendo profundamente a decadência do fim das culturas cafeeiras, no mais importante centro industrial e comercial do sul do Rio de Janeiro.

Junto com as montanhas de minérios de ferro e dinheiro, vieram também a pobreza e a degradação do meio ambiente. "O problema das cidades industrializadas como Volta Redonda é que muita gente sai de suas regiões e vem atrás de um eldorado que não existe. Estas pessoas não têm qualificação e acabam morando nas favelas e vivendo de subempregos. Os grandes centros urbanos exercem um fascínio sobre multidões de desempregados. Só que na prática isto não resulta em trabalho digno para elas e só aumenta a pobreza", explica o sociólogo Nelson Pesciotta, Presidente do IEV (Instituto de Estudos Valeparaibanos).

Volta Redonda foi a cidade em que o presidente Getúlio Vargas determinou a construção da Companhia Siderúrgica Nacional, a CSN, em 1941

O Rio Paraíba do Sul também sofre com a excessiva urbanização e industrialização de Volta Redonda. Mas felizmente esta relação começa a mudar. "Já foi aprovado um projeto cujo objetivo é ter 100% de coleta e tratamento do esgoto produzido na cidade daqui a dois anos", afirma Luiz Firmino, presidente do Inea (Instituto Estadual do Ambiente).

A CSN, por sua vez, desde 2002 tem uma estação de tratamento própria, e já não representa mais a principal fonte de poluição das águas como no recente passado, quando a companhia despejava produtos que causavam a deformação dos peixes. "A CSN já levou pesadas multas e agora eles vão nos entregar um cronograma minucioso com seus processos e práticas de tratamento de esgoto da água e controle da emissão de poluentes no ar. Tudo isso faz parte de uma auditoria de caráter internacional para a constatação de eventuais não-conformidades da empresa com os nossos parâmetros de qualidade", conclui Luiz Firmino.

O novo e auspicioso cenário que se projeta na vida do Rio Paraíba do Sul não se baseia apenas na maior fiscalização sobre as indústrias e o aumento das estações de tratamento de esgotos domésticos. Desde 2003 é feita uma cobrança de água pioneira no cenário nacional por incidir pela primeira vez sobre águas de domínio da União e por possibilitar a efetiva gestão de uma bacia hidrográfica de rio federal. Com a arrecadação, o Ceivap (Comitê de Integração da Bacia Hidrográfica do Rio Paraíba do Sul) determina as prioridades para a recuperação e proteção das águas.

A medida é, sem dúvida, a única forma de atribuir um valor econômico para incentivar a racionalização do uso deste bem que, ao contrário do que a maioria pensa, não é inesgotável. Os dois terços de água que cobrem a superfície do Planeta Terra e ocupam o interior dos corpos humanos definitivamente são uma grande ilusão.

Nobre planta

A palmeira imperial era um dos grandes símbolos de nobreza na época do império no Brasil. Sua origem em solo brasileiro, no entanto, remonta a 1809, quando D. João VI foi presenteado com um exemplar trazido das Ilhas Maurício, no Oceano Índico. O Príncipe Regente plantou pessoalmente sua palmeira no Jardim Botânico do Rio de Janeiro. Em 1829, a planta floresceu pela primeira vez, mas para que o Jardim Botânico mantivesse o monopólio da espécie, chamada de *palma mater*, foram retirados e queimados todos os seus frutos. Em vão.

A palmeira imperial se disseminou pelo País graças aos escravos que subiam na árvore à noite para colher os frutos e vender depois na clandestinidade. Alguns exemplares da planta se destacam pelo ar suntuoso que dão aos edifícios, como a **Câmara Municipal de Vassouras**. A palmeira original foi destruída por um raio em 1972, e o tronco preservado se encontra no Museu Botânico.

Braços abertos

4

O sol nasce na tranquila praia de Atafona, no município de São João da Barra, norte do estado do Rio de Janeiro. Junto com a luz do dia surgem um bando de garças e os primeiros barcos de pescadores que deixam a foz do Rio Paraíba do Sul em direção ao oceano.

Tudo aqui parece estar em harmonia com a natureza, a não ser por um estranho detalhe: os escombros perfilados ao longo da praia. Desde a década de cinquenta o mar avança constante e paulatinamente sobre o continente. O fenômeno já derrubou mais de 183 construções num raio de 14 quadras, entre elas uma igreja, uma escola, um posto de gasolina, diversas casas de comércio, dois faróis da marinha e muitas moradias. De acordo com o Departamento de Recursos Minerais do Rio de Janeiro (DRM), a área atingida corresponde a mais de quatro quilômetros de extensão, o equivalente ao tamanho de quarenta campos de futebol. O desequilíbrio tem mais de um motivo. Alguns naturais, como a relação entre as características da costa, que é relativamente nova e baixa, com a forte dinâmica dos ventos nesta região. O resto fica por conta da ação do homem.

Uma das portas de entrada para a invasão das águas salgadas é o próprio Rio Paraíba do Sul. Enfraquecido pela drástica redução de dois terços de seu volume na transposição para o Rio Guandu, vê diminuída a sua capacidade de servir como barreira hidráulica, deixando a parte sul da área onde ele deságua no Atlântico desprotegida do ataque das ondas do mar vindas do nordeste. A outra intervenção humana responsável pelo desastre são as várias barragens construídas ao longo do rio para regular seu fluxo. "O Paraíba do Sul não é mais um rio. Ele é um monte de lagoas. As barragens retêm os sedimentos e transformam a hidrodinâmica do leito. A diminuição da vazão sólida em suspensão aumenta a erosão na sua calha, que acaba por diminuir a força da água na foz", explica Fátima Freitas, gerente de qualidade de águas do Inea (Instituto Estadual do Ambiente), órgão ligado à Secretaria do Meio Ambiente do Estado do Rio de Janeiro e que monitora as águas do Rio Paraíba do Sul.

A proporção do problema enfrentado por Atafona é grande justamente pelo fato do Rio Paraíba do Sul desaguar no mar em forma de delta, o que torna a extensão da região sujeita a um avanço bem maior do oceano do que se fosse uma foz comum.

Mas, afinal de contas, o que é um delta? O termo foi usado pela primeira vez no século 5 a.C. pelo historiador grego Heródoto. Ele enxergou na figura geométrica da quarta letra do alfabeto grego um jeito de descrever o formato triangular dos depósitos

Desde a década de cinquenta a praia de Atafona sofre com o avanço do mar. As águas corroem as bases das casas vindo tanto pelo oceano quanto pela foz do Rio Paraíba do Sul

◀◀◀ O movimento de barcos na foz do Rio Paraíba do Sul é intenso. Enquanto a canoa parte para a pesca, a traineira volta para casa depois de uma noite em alto-mar

◀◀ As águas barrentas do Rio Paraíba do Sul desembocam em forma de delta no Oceano Atlântico. Conforme atingem o mar, todo o material carregado pelo rio se deposita na foz, criando uma gigantesca planície fluvial

◀ Às margens do Rio Paraíba do Sul, a Serra do Sapateiro se caracteriza pelas cristas de topos aguçados, pães de açúcar, morros, pontões e escarpas

sedimentares trazidos pelo Rio Nilo e seus braços (canais) que abriam num raio de 250 quilômetros de largura ao desembocar no Mar Mediterrâneo, no norte do Egito.

No caso do Rio Paraíba (no Brasil, além dele, só o Rio Parnaíba, na divisa entre os estados do Piauí e do Maranhão, entrega suas águas ao mar em forma de delta), o triângulo formado pela foz abrange toda a planície entre a cidade de Campos e o litoral, desde Macaé até o Cabo de São Tomé, numa área de cerca de 3.000 km², com 120 quilômetros de largura por sessenta quilômetros de comprimento.

As mudanças no tamanho do delta não são provocadas apenas pela ação do sobe e desce das águas do Rio Paraíba do Sul e do Oceano Atlântico. Atualmente, quem mais altera seu formato e muda suas características é o próprio homem, como afirma Arthur Soffiati, professor doutor de história ambiental da Universidade Federal Fluminense. "Antigamente o delta do Paraíba tinha quatro braços. Dois deles, o Itereré e o Cacomanga, foram canalizados pelo DNOS (Departamento Nacional de Obras de Saneamento). Atualmente restou o canal do Cula, já bem segmentado, e que eu brigo para não desaparecer, além do próprio Rio Paraíba do Sul", esclarece.

A luta de Soffiati é para que a grande área de várzea formada pelo delta não suma do mapa com os constantes aterros e diques feitos para conter cheias e ganhar terras em favor da agropecuária, uma das grandes fontes da economia na região, junto com a cana-de-açúcar e o petróleo produzido na bacia de Campos. "O Tribunal de Justiça me pediu um pa-

Seu Manoel Terra aguarda o mar derrubar o que ainda sobrou de sua casa. A invasão das águas já destruiu 183 construções num raio de 14 quadras, na praia de Atafona, em São João da Barra

➔ Considerado um dos principais afluentes do Rio Paraíba do Sul, o Rio Muriaé desemboca no Paraíba, próximo à cidade de Campos dos Goytacazes

Construída em 1889 para atender ao transporte ferroviário da região, a ponte metálica que passa sobre o Rio Paraíba do Sul na cidade de São Fidélis foi adaptada para o tráfego rodoviário

recer técnico sobre o impacto na natureza que a presença dos diques provoca na região. Os quatro maiores diques foram implodidos e já conseguimos recuperar 30 quilômetros quadrados de águas na Lagoa Feia, que faz parte do delta. Ela tinha 370 quilômetros quadrados em 1900, caiu drasticamente para 170, e agora subiu a 200. Só que ainda existem muitas barreiras de terra e pedras para conter as cheias naturais do banhado", diz.

Alheio às complexas explicações técnicas dos especialistas, o pedreiro desempregado Manoel Terra, 66 anos, varre a areia que insiste em acumular na frente do que restou da sua simples residência. "A água do mar entra pela foz do rio e vai comendo as casas por trás e pelo lado. Já tive muitos vizinhos que foram embora daqui depois de perderem suas casas. Agora eles estão esperando a defesa civil liberar novas moradias. Acho que no máximo em cinco anos chega a minha vez. O mar pode demorar um pouco, mas vai derrubar tudo o que ainda ficou de pé", conclui seu Manoel, com semblante bastante contrariado.

Polêmica com os ambientalistas

A pecuária, assim como o cultivo da cana-de-açúcar, que gera nos dias de hoje tanta polêmica com os ambientalistas e ajuda a assorear os rios do delta, tem uma longa história com a região. No final do século 17 e início do século 18 começou a se formar em São Gonçalo, e em volta de onde fica atualmente a cidade de Campos dos Goytacazes, um grande centro produtor de cana-de-açúcar, carne e leite. A intenção do governo imperial era criar uma alternativa para suprir a produção de açúcar que

No período de cheias a várzea do Rio Paraíba do Sul se transforma num grande pântano. A planície fluvial se estende por uma área de 3.000 km²

Ilustração de João Teixeira Albernaz, cosmógrafo do rei de Portugal no começo do século 17, retrata a região ao norte da cidade do Rio de Janeiro, próxima ao que é hoje a cidade de Campos

estava paralisada em Pernambuco e na Bahia com a invasão dos holandeses por lá, fato este que durou mais de trinta anos. "Os portugueses montaram um complexo agroexportador no norte fluminense, principalmente na região de Campos. Naquela época, as capitanias do Sul começaram a ensaiar o desenvolvimento da cultura canavieira por conta da crise no Nordeste com a dominação holandesa", explica Paulo Roberto Pinto de Araujo, professor de história da Universidade Veiga de Almeida.

Os índios goytacazes e os portugueses

O próprio nome da cidade sugere a razão de sua origem. O termo Campos designa áreas onde havia a possibilidade de exploração econômica. Goytacazes era o grupo indígena que habitava a região e foi aculturado, morto ou expulso pelos colonizadores portugueses.

Os primeiros exploradores da região de Campos foram um grupo de militares portugueses e brasileiros que eram conhecidos como os Sete Capitães. As terras foram concedidas a eles no início do século 17 pelo governo imperial em forma de sesmarias, em reconhecimento aos serviços prestados pelo grupo nas lutas contra os invasores holandeses no Nordeste e contra os piratas ingleses e franceses que rondavam e atacavam o litoral.

Naquela época, o norte fluminense era praticamente desabitado, uma vez que seus ocupantes de origem e direito, os índios Goytacazes, foram dizimados nas lutas contra os portugueses vindos do Espírito Santo e índios cristianizados que viviam próximos a São Pedro da Aldeia, na região dos lagos, no Rio de Janeiro.

Sem concorrência, a ocupação dos militares se deu desde Macaé, no sul, até a foz do Rio Paraíba do Sul, mais ao norte da costa, e também em direção ao interior, chegando até a divisa com a Serra do Mar.

Os Sete Capitães dominaram a grande sesmaria por 20 anos, período este em que se aventuraram pelos banhados e mangues do delta do Paraíba em busca de terras para servir de pastagens para o gado e montar ranchos. A Lagoa Feia, por exemplo, foi denominada por eles depois que o grupo se safou de um naufrágio durante uma tempestade que os pegou desprevenidos no meio da, por sinal, imensa e bela lagoa.

Em 1648, porém, o governador da província do Rio de Janeiro, Salvador Correia de Sá e Benevides, com o argumento de que havia um erro na delimitação das propriedades, retirou a concessão de dois terços das sesmarias, o que na prática se mostrava uma clara retaliação aos capitães Miguel Aires Maldonado e João de Castilho Pinto, desafetos confessos da autoridade imperial e dos jesuítas, e os únicos do grupo de militares a demonstrar interesse pela região.

Por outro lado, os jesuítas foram beneficiados com uma grande parte das sesmarias dos Sete Capitães e souberam explorá-las como ninguém. A Companhia de Jesus iniciou sua ordem religiosa na região administrando as fazendas Santa Cruz e Campos Novos, que ia de Búzios até Campos dos Goytacazes. "Os jesuítas consideravam o trabalho de evangelização muito caro. Por isso, determinaram que o projeto missionário tinha que se pagar. As fazendas de Santa Cruz e Campos abrigavam enormes rebanhos de gado e plantações de cana-de-açúcar que abasteciam o Rio de Janeiro e Minas Gerais. Eles fizeram o primeiro trabalho autossustentável da história", destaca Paulo.

Os jesuítas se tornaram os maiores latifundiários da capitania do Rio de Janeiro, mas o poder da ordem religiosa não impediu que fossem expulsos pelo primeiro-ministro de Portugal, o Marquês de Pombal, em 1760, durante a reforma pombalina,

Os búfalos aproveitam os lagos que se formam no delta do Rio Paraíba do Sul para se refrescar do forte calor que faz na região durante o verão

Espelho d'água

A **Lagoa Feia**, além de bela, é considerada a segunda maior lagoa de água doce do Brasil, atrás apenas da Lagoa dos Patos, no Rio Grande do Sul. No entanto, a Lagoa Feia tem atualmente um pouco mais da metade do seu tamanho há cem anos, quando sua superfície era de 370 km^2 e não sofria com os aterramentos feitos indiscriminadamente para ganhar terra em favor da agropecuária e do plantio da cana-de-açúcar.

Apesar das ingerências humanas, este reservatório natural continua sendo o principal corpo d'água do delta do Rio Paraíba do Sul, além do próprio rio, que, por sua vez, alimenta a lagoa junto com os rios Macabu e Ururaí.

Constituída por várias lagoas que foram retificadas pelo DNOS (Departamento Nacional de Obras de Saneamento) e transformadas em canais artificiais, a Feia funciona como uma espécie de regulador deste imenso sistema hidrográfico.

Suas águas, além de abastecer a cidade e a zona rural da cidade de Quissamã, no Rio de Janeiro, servem de fonte para a pesca comercial, beneficiada principalmente pelos grandes cardumes de tilápias, bagres e morobás.

Na lado oeste da lagoa, uma antiga enseada que foi drenada e hoje se chama Lagoa do Jacaré esconde em sua vegetação aquática, formada por taboas e aguapés, uma população do jacaré-de-papo-amarelo, espécie em risco de extinção.

que, entre tantas mudanças, via na controvérsia entre os pregadores do catolicismo, que se opunham à escravização dos índios, e os colonos, um empecilho para a economia do império. A saída deles fez com que o governador do Rio de Janeiro, Salvador Correia de Sá e Benevides, deixasse as fazendas sob a responsabilidade do administrador Manoel Couto Reis, que apenas deu continuidade à eficiente produção agrícola empreendida pelos missionários.

A última reserva de Mata Atlântica no norte do Rio de Janeiro

O tempo passa na região da foz do Rio Paraíba do Sul. Junto com ele se foram também os índios Goytacazes, os Sete Capitães, os colonizadores portugueses e os jesuítas. O que ficou foram as lavouras de cana-de-açúcar, que até hoje são plantadas por estas paragens. Basta pegar o carro e rodar pelas estradas para encontrar várias chaminés das usinas de açúcar soltando fumaça branca no céu. No meio do delta, entre os municípios de Santa Maria Madalena, São Fidélis e Campos dos Goytacazes, o Parque Estadual do Desengano parece ter no seu sugestivo nome uma boa maneira de representar a história da região e muitos de seus personagens. A área de proteção ambiental de 22.400 hectares (224 quilômetros quadrados) é a última reserva de Mata Atlântica no norte do Estado do Rio de Janeiro.

Das 283 espécies de aves encontradas nos campos de altitude, 22 são endêmicas e ocorrem em populações reduzidas. Levantamentos feitos pelo Clube de Observadores de Aves (COA) do Rio de Janeiro já catalogou cerca de 410 espécies, muitas delas ameaçadas de desaparecer, como a jacutinga, macuco, gavião-pomba, gavião-

Ao fim da tarde, as garças se preparam para dormir. Próximo da foz do Rio Paraíba do Sul existem muitos ninhais de pássaros

pato, jacu, inhambu, araponga, gavião-pega-macaco e papagaio-chauá.

Em julho de 1999, foram encontrados aqui grupos de muriquis, também conhecidos como mono-carvoeiros, a maior espécie de primata das Américas e que também está em risco de extinção. A descoberta do raro macaco atraiu a atenção da comunidade científica e motivou investimentos em pesquisa e atividades conservacionistas, da mesma forma como vem sendo feito com o mico-leão-dourado na Reserva Biológica de Poço das Antas, a 120 quilômetros da cidade do Rio de Janeiro.

A topografia do parque também chama muito a atenção por suas características, principalmente pelas cristas de topos aguçados, pães de açúcar, morros, pontões e escarpas. A Serra do Sapateiro não foge à regra das montanhas do parque e margeia o Rio Paraíba do Sul como se fosse uma moldura em alto-relevo.

O rio no trecho entre Itaocara e São Fidélis também quer se mostrar diferente e se abre num grande arquipélago com mais de 800 ilhas, algumas delas com mais de 30 alqueires, ou 726 mil metros quadrados.

A beleza natural do lugar não consegue esconder o drama vivido pelos pescadores do Paraíba do Sul, como na cidade de São João da Barra. Diferente dos colegas de ofício da praia de Atafona, que não encontram problemas em tirar seu sustento do mar, os pescadores de São João, que fica à beira do Paraíba, lutam com dificuldade para ganhar a vida vendendo peixes. O motivo da penúria não poderia ser mais cruel: os desastres ambientais decorrentes dos acidentes nas indústrias que ficam na bacia hidrográfica do Rio Paraíba do Sul. Nos

Os desastres ambientais provocados por indústrias na bacia hidrográfica do Rio Paraíba do Sul são uma constante. Nos últimos sete anos já aconteceram quatro grandes derramamentos de produtos tóxicos

últimos sete anos já aconteceram quatro tristes e grandes episódios do gênero. Em 2003, o rompimento da barragem da empresa Florestal Cataguases (MG) deixou vazar 1,2 bilhão de litros de resíduos tóxicos para o Rio Pombo, um dos maiores afluentes da porção média do Rio Paraíba. A mancha atingiu o sul do Espírito Santo e ficou internacionalmente conhecida como o maior incidente de poluição fluvial causado por uma indústria de celulose em todo o mundo.

Menos de três anos depois, foi a vez da Mineradora Rio Pomba Cataguases, localizada na cidade de Miraí (MG), ver sua barragem danificada deixar passar quatrocentos milhões de litros de lama resultante de lavagem de bauxita nos rios Fubá e Muriaé. Se não bastasse, a mesma mineradora, apenas dez meses após o primeiro derramamento, despejou mais dois milhões de litros de lama tóxica no Córrego Bom Jardim, que deságua no Rio Fubá.

O tiro de misericórdia aconteceu na madrugada do dia 18 de novembro de 2008, em Resende (RJ), quando cerca de oito mil litros do inseticida Endosulfan, numa falha durante o descarregamento do produto na indústria Servatis, caíram no Rio Pirapetinga, outro importante afluente do Paraíba.

A poluição decorrente dos acidentes industriais prejudica muito a pesca profissional no Rio Paraíba do Sul. Antes dos acidentes havia grande variedade de peixes. Hoje só os robalos, manjubas e tainhas são encontrados em maior quantidade nas águas do rio

O aparente grande volume de água do Rio Paraíba do Sul só camufla sua triste realidade. Mesmo com o acréscimo de água no leito vindo de seus principais afluentes, o rio perde 45% de sua vazão na foz

Ouro negro

Apesar de estar a cerca de cinquenta quilômetros de distância da costa, a cidade de Campos dos Goytacazes, que fica às margens do Rio Paraíba do Sul, se beneficia muito do Oceano Atlântico. O presente dos mares vem em forma de *royalties*. O município é o maior produtor de petróleo do Brasil, sendo responsável por aproximadamente 84% da produção nacional.

Com cerca de cem mil quilômetros quadrados, a **Bacia de Campos** começa nas imediações de Vitória, no Estado do Espírito Santo, e vai até Arraial do Cabo, no litoral norte do Estado do Rio de Janeiro, num total de 55 campos, dos quais 36 já atingiram o pico de produção.

Ao longo do tempo, a produção de petróleo foi aumentando conforme as técnicas de extração em águas profundas se aperfeiçoavam. A exploração da bacia começou no final de 1976, com o poço 1-RJS-9-A, que deu origem ao campo de Garoupa. Em 1977, com o início da produção comercial no campo de Enchova, a capacidade de extração não ultrapassava os 10 mil barris por dia e só era feita em águas consideradas rasas. Em 2009, a produção diária atingiu cerca de 1,49 milhão de barris de óleo e 22 milhões de metros cúbicos de gás. Para 2010, as previsões dos especialistas dão conta de que a produção aumente para 1,8 milhão de barris de óleo por dia e 34,6 milhões de metros cúbicos de gás.

As sucessivas tragédias explicam a desesperança no semblante do jovem pescador Suelton Machado, que aprendeu a tirar seu sustento do rio com o tio e o avô quando ainda tinha doze anos. "Antes havia muita quantidade e variedade de peixes. Agora só encontramos, e olhe lá, robalos, manjubas e tainhas. O rio estava começando a se recuperar de um acidente quando vazou o veneno lá em Resende e apareceram toneladas de peixes mortos aqui na foz", lamenta Suelton, que não vê alternativa à pesca para a sua vida, a não ser virar pedreiro.

Pelo visto, com o contínuo avanço do mar e a destruição da vila em Atafona, o que não vai faltar por aqui é casa para construir.

Os problemas na foz do Rio Paraíba do Sul são um desfecho para esta história que começa de forma limpa e alegre na sua nascente, no alto da Serra da Bocaina, em São Paulo. Ao longo do enredo de 1.200 quilômetros de extensão, o drama toma conta destas águas, cujo leito acompanhou de perto o desenvolvimento do Brasil, o ciclo do ouro, da cana-de-açúcar, do café, e a industrialização entre o eixo Rio–São Paulo. Se o rio, por um lado, foi a espinha dorsal desse desenvolvimento, por outro foi também vítima dele — do esgoto doméstico da urbanização, dos acidentes industriais, do assoreamento causado pela ocupação e desmatamento das margens, da diminuição de sua vazão, provocada pela transposição e pelas inúmeras barragens. Ainda assim, o rio persiste na sua missão e, no alto da sua generosa contribuição à região mais desenvolvida do País, pede ajuda para sobreviver.

O Rio Paraíba do Sul corta a cidade de Campos e segue rumo a sua foz. Cerca de cinquenta quilômetros depois, ele encontra o Oceano Atlântico

Pescadores de São João da Barra ainda pescam no rio, mas hoje encontram dificuldades para localizar grandes cardumes de peixes

Há muitas ilhas na região do delta do Rio Paraíba do Sul. Entre Itaocara e São Fidélis, suas águas se abrem num grande arquipélago com mais de 800 delas

bibliografia

livros

BRANDÃO, Ignácio Loyola. *Dutra 50 Anos – Quatro Séculos em Cinco Horas*, Editora DBA, 1993

VIEIRA, Nana. *O Divino em Festa – São Luiz do Paraitinga*, Editora Terra

CÂMARA CASCUDO, Luís. *Geografia dos Mitos Brasileiros*, Editora Global, 2002

FELDMAN, Fábio e ROCHA, Ana. *A Mata Atlântica é Aqui. E Daí?*, Terra Virgem, 2006

RIBEIRO, Darcy. *O Povo Brasileiro: a formação e o sentido do Brasil*, Companhia das Letras, 1995

SANCHEZ, Ana e ROSA, Salvador. *30 Anos de Cerâmica em Cunha*, Editora Estância Climática de Cunha

PEREIRA REZENDE, Leonardo. *Dano Moral & Licenciamento Ambiental de Barragens Hidrelétricas*, Editora Juruá, 2002

MENEZES, Cynara. *O que É Ser Geógrafo: Memórias Profissionais de Aziz Nacib Ab`Saber*, Editora Record, 2007

DAVID, Eduardo. *A Ferrovia e Sua História: Estrada de Ferro Central do Brasil*, Coleção Aenfer, Rio de Janeiro, 1998

FREIRE, Gilberto. *Casa-Grande & Senzala*, Editora Record, 1992

HOLANDA, Sergio Buarque de. *História Geral da Civilização Brasileira – O Brasil Monárquico 4. Declínio e Queda do Império*, Editora Difel, 1985

PRADO JR, Caio. *Formação do Brasil Contemporâneo*, Editora Brasiliense, 1994

MOURA, Clóvis. *Sociologia do Negro Brasileiro*. Série Fundamentos, Editora Ática, 1988

VILLA, Marco Antonio. *1932: imagens de uma revolução*, Imprensa Oficial do Estado de São Paulo, 2008

ROSSETTI, Renato Pizzi. *Evolução da carga orgânica de origem doméstica na bacia hidrográfica do rio Paraíba do Sul no trecho paulista no período de 1998 a 2007*, Dissertação de mestrado. Departamento de Geografia da Faculdade de Filosofia, Letras e Ciências Humanas da Universidade de São Paulo, 2009

BARBOSA, Nunes. *Atlas das Unidades de Conservação Ambiental do Estado de São Paulo*, Secretaria Estadual de Meio Ambiente, 2000

TELLES, Augusto Carlos da Silva. *O Vale do Paraíba e a Arquitetura do Café*, Editora Capivara, 2006

DEAN, Warren. *A Ferro e a Fogo: a história da devastação da Mata Atlântica brasileira*, Companhia das Letras, 1996

MAIA, Thereza Regina de Camargo. *O Vale Paulista do Rio Paraíba: história, geografia, fauna, folclore e cidades,* Documenta Histórica, 2005

LOBATO, Monteiro. *Cidades Mortas*, Editora Globo, 2007

LOBATO, Monteiro. *A Onda Verde*, Editora Globo, 2008

LOBATO, Monteiro. *Urupês*, Editora Globo, 2007

CANDISANI, Luciano. *Muriqui, uma jornada pelas florestas do maior macaco das Américas*, DBA Artes Gráficas, 2004

AB'SÁBER, Aziz Nacib e BERNARDES, Nilo. *Vale do Paraíba, Serra da Mantiqueira e Arredores de São Paulo*, Conselho Nacional de Geografia, 1958

sites

www.rededasaguas.org.br

www.cesp.com.br

www.cetesb.sp.com.br

www.earth.google.com.br

www.sosmataatlantica.org.br

www.ambiente.sp.gov.br

www.valedoparaiba.com

www.hidro.ufrj.br

www.feema.rj.gov.br

www.ief.rj.gov.br

www.ana.gov.br

www.ceivap.org.br

www.comiteps.sp.gov.br

www.daee.sp.gov.br

www.bibcir.fsp.usp.br

www.igeologico.sp.gov.br

www.portal.iphan.gov.br

www.cultura.sp.gov.br

www.corredordovale.org.br

www.socioambiental.org

www.inpe.br

www.pesca.sp.gov.br

www.sabesp.com.br

www.cultura.rj.gov.br

www.sossaci.org

www.saoluizdoparaitinga.sp.gov.br

www.furnas.com.br

www.csn.com.br

créditos das imagens

As fotos deste livro são de autoria de Valdemir Cunha, com exceção das seguintes imagens:

Capítulo 01

Pág. 30: Joel Silva/Folha Imagem, 2010
Pág. 31: Caetano Barreira/Olhar Imagem, 2007
Pág. 36: Monteiro Lobato, c.1945. Acervo da família Monteiro Lobato

Capítulo 02

Págs. 42-43: Wendell Marques, 2007
Pág. 50: Mazzaropi. Museu e Instituto Mazzaropi
Pág. 57A: Rubens Chaves/Pulsar Imagens, 2005
Págs. 58-59: Maurício Simonetti/Olhar Imagem, 2004
Pág. 68: Brasil, Revolução de 1932, Missa Campal oficializada no quartel do 2º Batalhão da Força Pública. Arquivo/AE

Capítulo 03

Pág. 84: Prefeitura Municipal de Paraíba do Sul/Divulgação, 2010
Pág. 86: Negro e negra numa plantação, 1835; litografia, João Mauricio Rugendas. 27,5 x 22,4 cm. Gravador Zwinger; casa litográfica: Engelmann
Pág. 89: Thiago Leon/O Vale Paraibano, 2009
Págs. 90-91: Felipe Goifman/Tyba, 2007
Pág. 92: Airton Soares/Ascom, 2005
Pág. 93: Claudio Edinger/CORBIS/Latinstock, 1997

Capítulo 04

Pág. 110: Campos dos Goytacazes, 1881. Jaime, Ernest. Acervo da Fundação Biblioteca Nacional – Brasil
Pág. 115: Roosevelt Cassio/Folha Imagem, 2000
Pág. 122: Bacia de Campos, Plataforma de Enchova. Divulgação/Petrobras

agradecimentos

Destacamos a colaboração de

Roberto Cortes, Marco Saltini e Tania Zevzikovas, da MAN Latin America
Edilson Andrade, coordenador técnico e secretário executivo do CBH (Comitê de Bacias Hidrográficas do Paraíba do Sul no Estado de São Paulo)
Aziz Nacib Ab'Sáber, professor emérito da Faculdade de Filosofia, Letras e Ciências Humanas da Universidade de São Paulo e professor honorário do Instituto de Estudos Avançados da USP
Arthur Soffiati Neto, professor doutor de história ambiental da Universidade Federal Fluminense
Paulo Valladares, secretário executivo do projeto Corredores Ecológicos
João Paulo Villani, diretor do Núcleo Santa Virginia do Parque Estadual da Serra do Mar
Marilene Ramos, Secretária de Meio Ambiente do Rio de Janeiro e presidência do Ceivap (Comitê de Integração da Bacia Hidrográfica do Rio Paraíba do Sul)
Paulo Roberto Pinto de Araujo, professor de história da Universidade Veiga de Almeida
Nelson Pesciotta, presidente do IEV (Instituto de Estudos Valeparaibanos)
Lázaro Ferreira da Silva, ambientalista
Maurício Talebe, coordenador científico da Associação Pró-Muriqui
Luiz Firmino, presidente do Inea (Instituto Estadual do Ambiente)
Aristides Almeida Rocha e Wanderley da Silva Paganini, da Faculdade de Saúde Pública da Universidade de São Paulo
Francisco Sodero Toledo, professor de história da Universidade Salesiana de Lorena
Carmem Lúcia Vergueiro Daglia, geógrafa da Cetesb
Renato Pizzi Rossetti, biólogo da Cetesb
Ligia Vaz, presidente da Fundação Cultural de Paraíba do Sul
Luiz Gonzaga dos Santos, ex-prefeito de Paraibuna e ex-presidente do CBH
Fátima Freitas, gerente de qualidade de águas do Inea (Instituto Estadual do Ambiente)
Léo Pires Ferreira, especialista em Monteiro Lobato
Rutnei Morato, coordenador técnico de assuntos institucionais do CBH